고객의 마음을 사로잡는 감성칭찬 화법

감성설득

고객의 마음을 사로잡는 감성칭찬 화법

감성설득

초판 1쇄 발행 | 2014년 10월 13일
4쇄 발행 | 2018년 1월 22일

지은이 | 송감찬
기획편집총괄 | 호혜정
편집 | 기나영 김민지
표지·본문 디자인 | 김민정
교정·교열 | 호혜정 김민지

펴낸곳 | 리텍 콘텐츠
발행인 | 김창수
출판등록 | 2011년 6월 28일 제 2011-000200호
주소 | 서울시 용산구 원효로 153 원효빌딩 824호
전화 | 02-2051-0311   **팩스** | 02-6280-0371
홈페이지 | http://www.ritec.co.kr
블로그 | http://blog.naver.com/ritec1
카카오스토리채널 | https://story.kakao.com/ch/riteccontents
ISBN | 978-89-967036-9-3 (13320)

· 잘못된 책은 서점에서 바꾸어 드립니다.
· 책값은 뒤표지에 있습니다.
· 이 책의 내용을 재사용하려면 사전에 저작권자와 리텍콘텐츠의 동의를 받아야 합니다.

* 이 도서의 국립중앙도서관 출판예정도서목록(CIP)은 서지정보유통지원시스템
  홈페이지(http://seoji.nl.go.kr)와 국가자료공동목록시스템
  (http://www.nl.go.kr/kolisnet)에서 이용하실 수 있습니다.(CIP제어번호: CIP2014027986)

감성설득 : 고객의 마음을 사로잡는 감성칭찬 화법 / 지은이 : 송감찬.
— 서울 : 리텍콘텐츠, 2014   p. ;   cm

ISBN 978-89-967036-9-3 13320 : ₩16000

고객 관리[顧客管理]
마케팅 전략[--戰略]

325.512-KDC5
658.812-DDC21   CIP2014027986

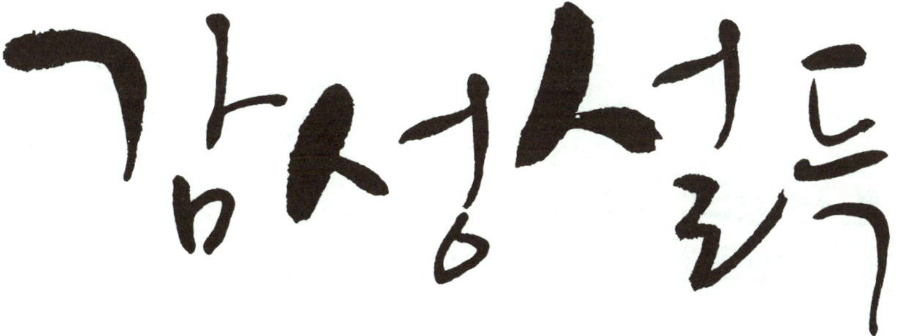

송감찬 지음

차례

서문 · 8
프롤로그 · 10

첫 번째 강의: 감성이익 전달법
상품정보보다는 감성이익을 전달하라

사례: 엘리트의 함정에 빠진 김현성PB: 고객을 유치해도 모자랄 판에 빼앗기다니…… · 16
송감찬의 클리어 진단. '정보'와 '실적'만으로는 신뢰를 살 수 없다 · 20

감성이익 전달법 1 '나를 높임으로써' 감성이익을 전달하라 · 27
감성이익 전달법 2 자부심과 추억을 자극하라 · 30
감성이익 전달법 3 고객이 속한 집단을 칭찬하여 고객을 칭찬하라 · 43
감성이익 전달법 4 거절처리화법: YES + '칭찬' + BUT!의 대화술 · 45

감성칭찬 화법 TIP 1 일반 감성과 비즈니스 감성의 차이는? · 49

두 번째 강의: 감성터치법
감성터치로 고정고객을 확보하라

사례: 감각적인 카페를 만들고 싶었던 윤지원 씨의 고민: 왜 내 가게에는 단골이 안 생기지? · 54
송감찬의 클리어 진단. 감성칭찬을 통해 좋은 인상을 남겨라 · 58

감성터치법 1 매일 연습으로 발음을 또렷하게 교정하자 · 62
감성터치법 2 어감을 살리는 1-1-1 법칙 · 65
감성터치법 3 간단한 말 한마디로 손님과 가까워지자 · 69

감성칭찬 화법 TIP 2 심플 감성칭찬 예문 모음 · 76

세 번째 강의: 고객관심유도법
무관심한 고객!
관심유도 감성칭찬법으로 승부하라

사례: 보험컨설턴트 오한탄 씨의 고민: 재취업한 보험업계에서마저 실패할 위기에 놓이다 • 85

송감찬의 클리어 진단. 관심 없는 고객에게 칭찬을 제공하라 • 89

관심유도 감성칭찬법 1 고객이 귀를 기울이게 하는 T/A용 감성칭찬 • 98

관심유도 감성칭찬법 2 고객의 시선을 끄는 면대면 감성터치 상담법 • 105

관심유도 감성칭찬법 3 꺼진 관심도 다시 살리자. 계약철회 고객을 붙잡는 칭찬 유도법 • 113

감성칭찬 화법 TIP 3 칭찬에도 유머감각이 필요하다 • 119

네 번째 강의: 감성소개설득법
고객이 고객을 부르게 하라

사례: 진퇴양난 나 사장의 상황: 건너편에 생긴 경쟁 매장, 어떻게 대처해야 하지? • 125

송감찬의 클리어 진단. 고객을 소개자로 만들어 새 고객을 유치하라 • 127

고객을 소개자로 만드는 감성칭찬법 1 '친근함'이 몸에 배면 소개받을 기회가 늘어난다 • 132

고객을 소개자로 만드는 감성칭찬법 2 재구매 고객과 새 고객을 유치하는 '소원 칭찬 화법' • 140

고객을 소개자로 만드는 감성칭찬법 3 고객을 소개자로 탈바꿈시키는 방법 • 147

감성칭찬 화법 TIP 4 고객에게 해서는 안 되는 금지어 수칙 • 155

다섯 번째 강의: 감성질문화법
감성질문화법으로 비즈니스 지인을 만들어라

사례: 학습지 교사 진희선 씨의 고통: 학부형 고객이 뭔가를 물어볼 때마다 속이 바싹바싹 타요 • 161
송감찬의 클리어 진단. 질문으로 당신의 고객 라인을 강화하라 • 166

고객 라인 질문 강화법 1 고객이 아는 것에 대해 질문하라! • 172
고객 라인 질문 강화법 2 질문으로 칭찬하라! • 178
고객 라인 질문 강화법 3 고객의 숨겨진 니즈를 함께 칭찬하라! • 181

감성칭찬 화법 TIP 5 고객 앞에서 화를 누그러뜨리는 방법 • 184

여섯 번째 강의: 감성 여성 공략법
여자도 모르는 여자의 마음!
감성적으로 칭찬하라

사례: 웨딩 예약 업무 베테랑 민 실장의 답답증: 여성 고객들은 알다가도 모르겠어요 • 189
송감찬의 클리어 진단. 여성도 모르는 여성 고객의 마음을 잡아라 • 192

감성 여성 고객 공략법 1 인상 칭찬, 외모 칭찬으로 내면까지 칭찬하라 • 199
감성 여성 고객 공략법 2 장점은 부각하고 단점은 가려주어라 • 202
감성 여성 고객 공략법 3 한 가지 칭찬은 한번만 사용하자! • 204
감성 여성 고객 공략법 4 옆 사람을 이용하여 칭찬 효과를 극대화하라 • 206
감성 여성 고객 공략법 5 여성 고객의 섬세한 니즈를 끌어내라 • 209

감성칭찬 화법 TIP 6 감성칭찬 화술 갈고 닦기 • 216

일곱 번째 강의: 감성경청법
원하는 것을 얻으려면? 닥치고 들어라

사례: 아는 것 많은 차 과장의 의문: 왜 방문 고객마저 나를 외면하지? • 224
송감찬의 클리어 진단. 감성경청의 가치를 바로 알라 • 230

감성경청 실천법 1 끄덕임 감성경청법 • 235
감성경청 실천법 2 시선은 언제나 상대방을 향할 것 • 240
감성경청 실천법 3 고객의 입장에서 생각하라 • 242
감성경청 실천법 4 고객의 질문을 허락하라 • 244
감성경청 실천법 5 고객의 질문에 대한 대답은 간결하게 하라 • 246
감성경청 실천법 6 한 번 더 고객의 의사를 확인하라 • 248
감성경청 실천법 7 고객이 사용한 단어를 사용하라 • 251

감성칭찬 화법 TIP 7　고객의 의심을 풀어주는 '기대심리 자극하기' • 253

에필로그 • 255

 서문

〈칭찬은 고래도 춤추게 한다〉는 '칭찬리더십'의 대표적인 명서입니다. 고래 같은 동물도 느낄 수 있는 리더십, 하물며 인간관계에 적용한다면 그 효과와 결과는 굳이 말할 필요가 없겠죠.

오랫동안 칭찬을 체득하고 각종 강의와 상담을 해 온 제 입장에서 보면 충분히 공감이 가는 내용입니다.

하지만 저는 리더십 강사가 아닙니다.

리더십을 공부해 본 적도 없고, 앞으로도 관심을 가질 생각도 전혀 없죠.

저는 '세일즈맨 출신' 강사입니다.

제 관심 분야는 '갑이 을을 설득하는 분야'가 아니라 '을이 갑을 설득하는 분야입니다.

즉, 조련사(갑)가 고래(을)를 설득하는 방법이 아니라 고래가 조련사를 설득하는 방법에 흥미를 가지고 있습니다.

세상은 소수의 갑과 다수의 을이 살아가고 있습니다.

을은 갑을 설득해야만 사회적인 생존을 할 수 있는 사람들이죠.

이 책은 을들에게 갑을 설득하는 방법을 알려 주기 위해 출간한 책입니다.

제각기 고민을 안고 있는 일곱 명의 '을'과 대화를 나누어 보았습니다.

무엇이 문제인지, 어떤 감성칭찬 방법으로 해결하면 좋을지, 각 사례를 통해 여러분도 함께 알아보시기 바랍니다.

칭찬과 감성칭찬, 비슷한 얘기 아니냐는 질문들도 하시지만, 칭찬이 딱풀이라면 감성칭찬은 본드입니다.

딱풀과 본드, 과연 비슷한 접착제일까요? 평가는 여러분의 몫으로 돌리고자 합니다.

프롤로그

진퇴양난에 빠진 일곱 명의 '을'들

아무리 해도 새로운 고객이 늘지 않아요!

첫째 엘리트 중의 엘리트 김현성 PB

김현성 PB의 현재 상태

- 시장은 침체되고 신규 고객 확보 전쟁은 치열해져만 간다.
- 기존 고객도 붙잡지 못하는 나. 소득이 줄어든다.

그에게 필요한 것은?

- 고객을 붙잡을 감성이익 전달법

둘째 디자이너에서 카페 매니저로 변신한 윤지원 씨

윤지원 씨의 현재 상태

- 적성에 맞지 않는 회사 생활을 그만두고 프리랜서로 전업. 투잡으로 카페를 시작하였다.
- 단골 고객을 간절히 원하지만 단골이 모이지 않는 상황

그녀에게 필요한 것은?

- 고객에게 인상을 남길 수 있는 감성터치법

셋째 보험 판매가 체질에 맞지 않는 오한탄 FC

오한탄 FC의 현재 상태

- 관심조차 주지 않는 가망 고객들. 상담 건수도 계약 성사도 저조하다.
- 남들은 잘만 계약하는데, 대체 난 왜 그렇게 못하는 거지?

그에게 필요한 것은?

- 고객의 눈과 귀와 마음을 끄는 특별한 감성칭찬법
- 고객의 계약취소를 막는 베스트 화법

넷째 가전매장을 운영하고 있는 나원구 사장

나원구 사장의 현재 상태

- 가게 바로 앞에 들어선 경쟁 매장, 퍼주기 식 가격경쟁으로 조이는 숨통

그에게 필요한 것은?

- 가격경쟁만으로는 안 돼. 구매 결정력을 높여주는 고객응대요령
- 고객에게 고객을 소개받는 소개설득

다섯째 초등학생 학습지 교육을 하고 있는 진희선 선생

진희선 선생의 현재 상태

- 나날이 까다로워지는 학부형 고객들, 오르지 않는 학생의 성적.
  어떻게 학부형을 만족시켜야 하나?

그녀에게 필요한 것은?

- 고객에게 한 발 먼저 다가가는 질문칭찬 화법
- 고객의 숨겨진 니즈를 이끌어내는 비법

여섯째 예식장 예약을 담당하고 있는 민경애 상황실장

민경애 실장의 현재 상태

- 자꾸만 민 실장의 손에서 빠져나가는 신부 고객들
- 우리 예식장과 다른 예식장의 서비스에 별 차이가 없는 탓일까?

그녀에게 필요한 것은?

- 여성 고객의 마음을 사로잡는 감성칭찬 화술 및 응대법

일곱째 자동차 세일즈맨 차범수 과장

차범수 과장의 현재 상태

- 상담을 아무리 해도 오르지 않는 실적
- 매장 방문 고객마저 그를 외면한다.

그에게 필요한 것은?

- 고객의 니즈를 파악하기 위한 감성경청법
- 매장 방문 고객에 대한 계약 능력 강화

감성칭찬 저격돌 송감찬 등장!

안녕하세요! 감성칭찬 저격돌 송감찬입니다. 제가 일곱 분과 1 : 1 상담 시간을 가지게 되었는데요. 이분들은 각기 다른 업종에 종사하며 머리를 끙끙 앓던 분들이십니다. 공통점이라고 한다면 단 하나, 고객을 상대하는 직업에 종사하고 있다는 것이죠. 이분들의 문제는 '무한 고객 확보를 할 수 있는 자신만의 무기'가 없다는 것입니다.

   감성설득 고객의 마음을 사로잡는 감성칭찬 화법

고객을 많이 확보하고 싶은 욕망은 비즈니스맨이라면 무슨 업종이든 누구나 간절하게 바라는 최고 희망사항이죠. 그래서 저만의 무기를 소개해 드렸더니……? '짜잔!' 하고 상담받은 분들의 무기가 되었답니다. 각기 상황이 다른 일곱 분 모두에게 드릴 수 있는 극약처방이라니 그런 게 있다는 게 믿어지지 않으시죠? 하지만 그 해법은 실제로 존재합니다. 그것은 바로 '감성칭찬'입니다.

> 당신의 혈관 속에 감성칭찬이 흐르게 하라.
> 간절히 발전을 원하는 당신에게 권하는 해법, 감성칭찬!!

감성칭찬은 '가치관이자 행동수칙'입니다. 감성칭찬의 고수가 되기 위해서는 왜 이렇게 해야 하는지에 대한 자각, 즉 가치관의 정립이 선결과제입니다. 마음에서 우러나오지 않는 감성칭찬은 속이 빈 볼링공과도 같습니다.

감성은 행동을 유발하는 강력한 원동력이 됩니다. 따라서 고객의 마음속에 '감성의 불씨'를 지피는 것이 여러분의 미션입니다. '불을 지핀다'는 것은 통제가 어렵다는 의미를 가지고 있습니다. 한번 켜진 감성의 불은 쉽게 꺼지지 않습니다. 이미 붙어 버린 감성의 불은 자체의 생명력으로 타오르기 때문입니다.

이런 특성 때문에 이성의 잣대로 감성을 유추하거나 이해하려 한다면 해석과 분석이 불가능하다고 할 수 있습니다. '이성 위에 감성 있다'라는 말도 있지 않습니까? 여러분이 감성 다루는 방법을 익히고 나면 그 감성의 위력이 여러분을 설득의 고수, 사람을 대하는 전문가로 거듭나게 할 수도 있다는 말입니다.

감성설득 고객의 마음을 사로잡는 감성칭찬 화법

첫 번째 강의

감성이익 전달법 - 상품정보 보다는
감성이익을 전달하라

첫 번째 강의: 감성이익 전달법
상품정보보다는 감성이익을 전달하라

강사 **송감찬**   수강생 **김 PB**

김현성(30세) PB는 S대 경영학과를 졸업 후 세계 경제의 중심 미국으로 유학을 다녀온 엘리트 중 엘리트이다. 국내에는 그만한 지식과 전문성, 경험을 두루 갖춘 PB를 찾기 힘들 것이라 스스로 자부하고 있다. 그런 그조차도 세계적인 금융업계 위축은 이겨낼 수 없었는데…….

최근에는 라이벌조차 되지 못한다고 생각했던 경쟁사 PB에게 연달아 고객을 빼앗기며 자신감을 잃어가고 있다. 그를 다시금 최고 엘리트로 만들어줄 비법은 없을까?

엘리트의 함정에 빠진 김현성 PB:

고객을 유치해도 모자랄 판에 빼앗기다니……

　송감찬: 김 PB 님이 일하고 계신 회사는……. 이야. 여긴 우리나라 대표 금융회사로군요.

김 PB: 예. 금융상품 중개 업무를 맡고 있습니다.

송감찬: 재무계획을 세워준다는 말씀이시죠? 이건 일반인은 할 수 없는 전문 분야로군요. 현대의 대표적인 지식 집약형 분야랄까요.

김 PB: 네. 맞는 말씀입니다만 스트레스 집약형 분야이기도 합니다. 그만큼 높은 소득이 보장되는 것도 사실이고, 저 역시 제가 이 일을 해내는 데 보람을 느낍니다. 아니, 느꼈다고 해야 할까요.

송감찬: '느꼈다'고요? 그러면 요즈음은 보람을 느끼지 못한다는 뜻이신가요?

김 PB: 요새 제 속이 얼마나 타들어 가는지는 같은 PB가 아니고서는 아무도 모를 것입니다.

송감찬: 어떤 고충이 있는지 한 번 들어볼까요?

김 PB: 저는 제 일을 천직이라고 생각합니다. 어떤 불황이 닥쳐온다고 해도 저라면 고객에게 최선의 선택을 제시할 수 있다는 자신이 있었습니다. 하지만 요즈음에는……. 이번에 제가 대형 고객을 유치하려다 경쟁 회사 PB에게 빼앗겼습니다. 연달아 세 번째입니다. 매번 상담을 위해 최선의 노력을 다하고 있는데 모두 수포로 돌아간 거죠.

　첫 번째 강의 **감성이익 전달법 – 상품정보보다는 감성이익을 전달하라**

송감찬: 상심이 크시겠습니다.

김 PB: 절 정말 좌절하게 하는 건 그 경쟁 PB의 경쟁력이 저보다 훨씬 떨어진다는 사실입니다. 회사 경력은 물론이고 실적까지 어느 면으로 놓고 보나 고객이 그 PB를 선택할 이유가 없었습니다. 상담을 하면서 고객이 그 PB의 이름을 몇 번 언급했지만, 신경 쓰지 않았지요. 그런데 결과가 이렇게…….

송감찬: 김 PB 님으로서는 도저히 이해할 수 없는 선택을 세 분의 고객이 연달아 하신 거군요. 자존심이 상하실만 합니다. 혹시 그 고객분들이 왜 그런 선택을 하셨는지 알아보셨습니까?

김 PB: 처음에는 고객과 그 PB가 지인 관계는 아닐까 생각했습니다. 하지만 아니더군요. 지금 이 순간까지도 제가 왜 패배했는지 원인을 모르겠습니다. 앞으로 또 이런 고객 이탈이 발생한다면 어떻게 막아야 할지도 모르겠고요.

송감찬: 고객에게 금융 계획을 조언해야 하는 PB가 자신의 고객 이탈 방지법은 찾지 못하시겠다니. 눈앞이 캄캄한 심정이 어느 정도 짐작이 갑니다. 이탈한 고객분들은 김 PB 님에게 최고의 조언을 받은 게 확실하지요?

김 PB: 저는 금융의 미래 예측 전문가입니다. 미래를 예측한다는 것은 무수한 정보를 끊임없이 갱신해야 가능한 일이지요. 저는 세 고객에게 제가 드릴 수 있는 모든 정보를 전달해 드리고 트렌드를 분석해 드렸습니다. 제 상담 노하우를 다 쏟아 부어 아주 명쾌하게 해드렸죠.

송감찬: 혹시 김 PB 님께서는 고객 이탈을 많이 겪어 보지 않으셨나요?

김 PB: 물론 고객을 가로채이는 것은 흔히 있는 일입니다. 한국은 금융 시장 규모에 비해 PB가 매우 많습니다. 고객들은 이 무수한 PB 사이에서 얼마든지 저울질할 수 있죠. PB는 거절당하는 데도 베테랑이 되어야 합니다. 하지만 이렇게 이유가 이해 안 되는 경우는 처음입니다.

송감찬: 제가 지금까지 PB 님의 이야기를 들어보니 자존심에 상처를 입으신 나머지 고객을 상대하는 자신의 능력까지 불신하고 있다는 것이 느껴집니다.

김 PB: PB의 실적은 고객에게 투자를 권유한 후 거래수수료로 많은 부분이 결정되니 그런 점을 생각해도 뼈아프죠. 하지만 제 이력이 더는 고객에게 신뢰를 얻을 수 없다는 게 더 걱정입니다. PB의 실적은 사실상 거기에서 결정되는 것이니까요.

송감찬: '신뢰'라고 하셨습니까? 중요한 얘기를 해주셨습니다. 모든 세

일즈맨의 이익은 사실상 이 신뢰를 얻는 것에서부터 시작되니까요. 그럼 김 PB 님, 제가 PB 님의 자존심과 실적, 고객의 신뢰까지 단번에 되찾을 수 있는 방법을 알려드릴까요?

김 PB: 정말 그런 방법이 있습니까?

송감찬: 그렇습니다. 바로 지금까지 김 PB 님이 미처 생각하지 못하셨던 '감성이익'을 고객에게 제시하는 것입니다.

송감찬의 클리어 진단. '정보'와 '실적'만으로는 신뢰를 살 수 없다

송감찬: 자, 업계 전문가로서 최선을 다해 고객에게 어프로치 했습니다. 그런데 이 프레젠테이션이 실패합니다. 고객은 생각지도 못했던 엉뚱한 라이벌에게 넘어갑니다. 도대체 왜 이런 일이 일어났을까요?

김 PB: 제가 대체 어떤 함정에 빠진 걸까요? 제발 알려주십시오.

송감찬: 그건 바로 김 PB 님의 자존심의 근간, 이력과 실적입니다.

김 PB: 제 이력과 실적이요?

송감찬: '고객이 나를 판단하는 척도는 실적이다'라는 기준은 도대체 어디서 나온 것일까요?

김 PB: 아니, 그럼 고객이 다른 무엇으로 우리를 판단한단 말입니까?

송감찬: 물론 '수치로 제시할 수 있는 이력과 실적'은 중요합니다. 비즈니스는 이익이 전제로 된 만남이니까요. '이 사람에게 의뢰했을 때 내가 최고의 이익을 얻을 수 있다'라는 확신이 있어야만 고객도 PB를 선택하겠지요? 이건 맞는 말입니다.

김 PB: 당연한 말씀이십니다. 비즈니스는 0.1%로 좌지우지되는 세계입니다.

송감찬: 하지만 문제는 '이익을 제시하는 것'만으로는 고객이 이런 확신을 얻을 수 없다는 것입니다. 고객은 비전문가라는 것을 염두에 두시기 바랍니다. 고객이 과연 상품에 대한 모든 조건을 비교해서 가장 우수한 상품을 고를 수 있을까요? PB가 제시하는 조건을 모두 이해할 수 있을까요?

김 PB: 제 업무가 워낙 전문적이라 고객들이 단번에 이해가 어려우시다는 점은 인정합니다. 하지만 저 역시 고객들을 이해시키기 위해 많은 준비를 하고 있습니다.

송감찬: 전문적인 금융 업무는 제쳐놓고, 보험 판매와 자동차 판매로 좀 더 쉽게 예를 들어 볼게요. 사실 이 둘도 비교적 복잡하고 긴 상담이 필요한 상품이지만 말입니다.

보험 상품은 용도와 특약의 구성에 따라서 가격이 천차만별입니다. 자동차 또한 옵션 품목이나 배기량에 따라서 가격이 달라지지요. 이 무수한 옵션을 다 파악하는 것은 고객 입장에서는 불가능합니다. 결국 상담의 관건은 판매자가 취할 수 있는 수당에서 얼마를 깎아주느냐로 흘러가겠지요.

김 PB: 그렇기 때문에 더욱 이익 수치가 중요해지는 것 아닙니까?

송감찬: 그렇죠. 하지만 고객의 기대는 생각보다 훨씬 막연합니다. 최소한의 가격으로 우수한 상품을 사고자 할 뿐입니다. 그 가격이 정확히 얼마이어야 한다는 계산까지는 못하는 것이지요.

김 PB: 그렇다고 해도 끝까지 설명해 드리는 게 제 일인데요.

송감찬: 물론 그것이 바로 성실한 PB의 자세일 것입니다. 하지만 제가 다시 한 번 말씀드리는데, 그것만으로는 완벽한 설득이 안 됩니다. 고객들을 안심시키기 위해서는 이익 수치를 논의하기 이전에 거래 상대에 대한 신뢰감이 갖추어져야 합니다.

김 PB: 신뢰감이라…….

송감찬: PB 님. PB 님이 직접 겪어 보시지 않으셨나요? 고객은 PB 님이 제공하는 이익이 아니라 결국 자신의 마음을 끄는 PB를 선택했습니다.

김 PB: 네, 맞아요. 제가 실제로 그런 일을 겪었으니, 강사님의 주장을 무조건 부정할 수가 없네요.

송감찬: 현실이 이런데도 대다수 을은 상품의 옵션 설명에만 주력합니다. 바로 여기에서 헛수고가 생긴다는 것이지요. 이런 일은 을들이 '스스로 판 함정에 빠지는 격'이죠. 고객이 언제든 마음을 바꾸도록 부채질하는 것입니다.

김 PB: 바로 지금 저 같은 상태 말이시군요.

송감찬: 이렇게 되면 아무리 쉽게 설명을 잘해도 고객은 계속 더 비싼 서비스를 더 싼 가격에 구매하기만 바라게 되지요. 결국, 판매 가능성도 높이지 못하면서 상품 가격만 내리는 격이 된 것입니다. 이런 판매방식은 판매도 어려울뿐더러 설령 가까스로 판매가 이루어졌다 하더라도 남는 이윤이 적정치 이하가 될 가능성이 큽니다.

김 PB: 적절한 지적이십니다.

송감찬: 그래서 '수치이익 제시 이전에' 고객과 신뢰를 쌓아야 한다는 것입니다. 학창시절을 떠올려 보세요. 교사들이 가르쳐주는 지식이 유익하다는 건 우리 모두 잘 압니다. 하지만 어떤 수업은 잘 듣고, 어떤 수업은 잘 듣지 않지요. 만약 학생이 좋아하는 선생님을 만난다면? 자신이 관심 없는 과목이어도 선생님의 수업에 집중하고 설명을 잘 듣습니다.

김 PB: 저도 그랬었네요. 문학 과목은 좋아하지 않았지만, 문학 선생님을 무척 좋아해서 문학 수업을 열심히 들었던 기억이 있어요. 학생들을 많이 아껴주시는 아주 모범적인 선생님이셨거든요.

송감찬: 네. 존경과 신뢰. 그 어떤 형태의 상담에도 바로 이런 것들이 필요합니다. 고객이 을의 설명을 제대로 받아들이려면 먼저 감정적으로 을을 신뢰하고 있어야 한다는 것이지요.

김 PB: 하지만 아시다시피 그런 존경과 신뢰는 단번에 얻어지지 않습니다. 특히 비즈니스 관계에서 어떻게 을이 갑에게 그런 신뢰를 얻을 수 있을까요?

송감찬: 맞습니다. 쉽지 않지요. 하지만 방법이 없는 건 아닙니다. 고객에게 충분한 감성이익을 줄 수 있다면 불가능한 것이 아닙니다.

 감성설득 고객의 마음을 사로잡는 감성칭찬 화법

김 PB: 네? 제 업계같이 냉철한 손익 계산이 지배하는 곳에서도 '감성' 이익을 줄 수 있단 말입니까?

송감찬: 다시 말씀드리면, 갑이 기대하지 못했고 예상하지 못한 감성적인 이익을 갑에게 제공하라는 것입니다. PB 님은 몹시 의아하실 것입니다. 감성이익이 고객에게 아무 소용이 없다고 생각하시겠지요. 하지만 이것 자체가 이미 전문가인 PB 님의 편견입니다. 고객의 선택에 있어 '이익'은 결코 절대적인 판단 기준이 아닙니다.

고객이 "당신의 이러한 실적을 보고 당신을 선택했습니다"라고 말한다 해도 그 이면에는 당신이 준 감성이익이 선행되어 있습니다. 고객의 선택은 PB가 고객에게 준 감성이익에 좌우되는 것입니다.

김 PB: 그렇다면 저 같은 전문직 종사자는 어떻게 해야 고객에게 감성이익을 제공할 수 있을까요? 고객이 기분 좋도록 칭찬하면 될까요?

송감찬: 물론 '감성칭찬'은 모든 감성이익 제공의 기본입니다. 하지만 그 이전에 고객의 특수성도 생각해야 하겠지요. 그러면 전문직 종사자를 찾아오는 고객이 얻고자 하는 감성이익은 무엇일까요?

김 PB: 자신이 찾은 전문가에 대한 신뢰와 안정감, 전문가를 신뢰함으로써 자신 역시 전문가가 되었다는 그러니까 현명한 선택을 했다는 만족감 같은 것들이 있겠지요.

   첫 번째 강의 감성이익 전달법 – 상품정보보다는 감성이익을 전달하라

송감찬: 맞습니다. 역시 잘 알고 계시네요. 그 외에도 상담을 받으면서 얻는 지적 소득, PB와의 개인적 인간관계 형성으로 인한 감성적 소득이 있을 수 있겠지요. 이러한 감성이익을 여러 고객에게 제대로 전달할 수 있는 것이 '고객 확보 능력'의 핵심입니다.

고객 확보는 곧 여러 사람과 시소 타기와도 같습니다. 시소 반대편 고객의 몸무게는 나보다 더 무거운 사람도 있고, 더 가벼운 사람도 있고, 비슷한 사람도 있습니다. 나보다 무거운 고객이 탔다면 내가 올라가고 고객은 내려앉겠지요. 나보다 가벼운 고객이라면 반대현상이 일어날 테고요. 비슷한 고객과는 수평을 유지하겠지요.

김 PB: 말씀을 듣고 보니 제가 수치화하기 어려운 감성적 부분은 도외시했던 것 같네요. 시소에 비유해 주시니 훨씬 잘 와 닿아요.

송감찬: PB가 같은 지식과 실적을 제공하더라도 받아들이는 사람에 따라 반응이 천차만별입니다. 그렇다면 어떻게 해야 천차만별 고객들에게 감성이익을 확실히 전달할 수 있을까요? 전문직 종사자라면 꼭 익혀야 할 특수한 칭찬법에 대해 알아보도록 하지요.

감성이익 전달법 1
'나를 높임으로써' 감성이익을 전달하라

일반적으로 '인정'이라고 하면 상대를 높여주는 것으로 생각합니다. 상대를 높이기 위해 나를 낮추는 것은 당연한 일이 되고요. 그러나 세상에는 다양한 고객이 있고, 특히 큰 이익을 주는 고객일수록 까다롭기 마련입니다. 그들에게는 기존의 칭찬법이 통하지 않습니다.

어떤 경우에는 오히려 '나의 전문성'을 먼저 어필하는 것이 상대와의 대화를 원활하게 하는 비법입니다. 이때 나만의 자랑으로 끝나서는 안 되겠지요. 중요한 것은 '이렇게 대단하고 유능하고 훌륭한 나'를 찾아온 고객, 나를 선택할 고객에 대한 인정으로 이어져야 합니다. 지금부터 예시를 보여드리겠습니다.

나를 높여 감성이익을 전달하는 방법

- **칭찬 상대:** 부동산 분야에서 높은 실적과 명예를 쌓은 자산가
- **감성칭찬 실행자:** 김 PB
- **상황:** 고객의 첫 방문 및 투자 품목 추천

상대를 인정하기 전에 먼저 PB 자신이 전문가임을 아무렇지 않게 흘러가듯 어필합니다. 그리고 그 직후 '내 전문성' 못지않은 '고객의 장점'을 인정합니다. 이로써 상대의 위치도 자연스럽게 올라간 게 되지요.

고객이 이를 받아들이면 '자신의 탁월함'을 인정하면서 동시에 'PB가 전문가'라는 사실도 인정하게 되는 거고요. 자신에 대한 자부심이 강한 고객일수록 그만큼 당신의 전문성도 인정하게 됩니다. 복잡한 수치나

긴 실적 리스트를 늘어놓는 것보다 훨씬 효과적이지요. 객관적 수치를 원하는 고객이라도 이전에 이런 사전 작업을 해놓으면 더욱 긍정적으로 PB에 대해 검토하게 됩니다.

별것 아닌 것 같아도 이러한 짧은 한마디를 하느냐 하지 않느냐는 결과적으로 엄청난 차이를 만들어 냅니다. 감성이익은 이런 디테일에서 결정되는 것입니다.

   첫 번째 강의 감성이익 전달법 – 상품정보보다는 감성이익을 전달하라

감성이익 전달법 2
자부심과 추억을 자극하라

어떤 문제를 해결할 때 특별히 '전문가'를 찾는다는 건 그만큼 그 고객이 '경제적 여유'와 '안목'이 있음을 뜻하겠지요? 고객은 이미 자신의 분야에서는 전문가일 수도 있습니다. 특히 자산 관리를 전문인에게 맡기는 고객이라면 경제적 여유가 상당히 높은 부유층일 확률이 높습니다. 이렇듯 '지적·경제적 부유층'에 속하는 사람들과의 비즈니스 상담은 달리는 말 위에 올라타는 형태의 상담 기법이 필요합니다. 칭찬도 단순히 장점 늘어놓기만으로 만족해서는 안 됩니다.

즉, 이런 부유층 고객에게는 고객의 '장점'을 늘어놓는 것은 어디까지나 '전초전'에 불과합니다. 사회 상층 고객에게는 자신의 장점에 대한 화제가 아주 많고 자신감이 넘칩니다. 칭찬을 한번 시작하면 이러한 고객은 자신의 업적에 대해 오히려 훨씬 자세하게 이야기해 줄 수 있습니다.

그 내용 속에 PB가 말해야 할 내용과 조심해야 할 내용에 대한 힌트가 충분하게 나와 있습니다. 상류층 사람들과의 대화는 PB의 일방적인 전문성 부각, 실적 홍보만으로는 그들의 마음을 사기는 어렵습니다. 칭찬, 공감, 동의라는 감성칭찬을 통해서 대화를 풀어나간다면 뜻밖에 쉽게 인연을 맺을 수 있는 것이 상류층 사람들의 본질입니다.

이렇게 사회적 입지가 훌륭한 고객들이 듣고 싶은 칭찬이 무엇일까요? 부유한 고객에게 부유함을 칭찬하는 것은 칭찬이 아닙니다. 그런 관점에서 본다면 부유함 자체에 대한 칭찬, 즉 돈이 많아서 부럽다는 형태의 칭찬은 효과가 좋지 않습니다.

첫째, 존경심을 표현하여 명예욕을 자극한다.
둘째, 성공하기까지 험난했던 시절의 추억을 끄집어낸다.

이 두 가지를 좀 더 자세히 설명해 보겠습니다.

명예심을 자극하는 감성이익 제공

▶ 오늘 직원분들을 뵈니 직원들이 사장님을 신뢰하고 존경하고 있다는 게 외부인인 저에게까지 느껴지네요.

▶ 존경심은 돈으로도 살 수 없는 건데, 이렇게 다른 사람들의 존경

심을 이끌어내는 사장님의 회사는 당연히 앞으로도 번창 일로일 것입니다! 사장님의 리더십이 직원들에게 큰 에너지를 주고 있으니까요.

▶ 직원들의 존경을 받고 있는 사장님을 뵈니 꼭 제 고객으로 모시고 싶습니다.

이 화법을 살펴보면 계약을 내게 달라는 직접적인 표현이 나옵니다. 여러분이 가장 어려워하는 말이 바로 '나와 계약을 하자'라는 말일 것입니다. 굳게 마음먹고 준비를 해도 막상 계약을 달라는 말을 어떻게, 어느 타이밍에 해야 할지 모르는 것이 을들 대부분이 겪는 고충입니다. 언제 결정적인 멘트를 던져야 할지 모르겠다고 하시는 분들을 위해 제가 포인트 하나를 알려 드리겠습니다.

이처럼 **'존경을 표한 직후'** 계약을 달라는 말을 간접적이든 직접적이든 해 보세요. 그 까다로운 고객이 뜻밖에 '그래 줄 테니 해 보라'고 순순히 답하는 놀라운 경험을 하게 될 것입니다.

만약 역효과가 난다면? 결론부터 얘기하면 여러분이 당황할 만큼의 역효과는 거의 없을 것입니다. 가격으로 클로징하는 것보다 훨씬 안정적이라는 것을 체감하실 수 있을 것입니다. 가격으로 결론을 짓는 방법은 감성칭찬을 한 후 마지막으로 써야 하는 최후의 클로징 방법임을 명심하기 바랍니다.

그렇다면 여기에서 한 번 '상대의 명예를 부각하고 내 존경심을 드러

 　　　　　　　　　　감성설득 고객의 마음을 사로잡는 감성칭찬 화법

내어' 고객을 모신 사례를 소개하겠습니다. 이 일은 제가 실제로 겪은 일입니다.

현장 감성칭찬! 감성이익을 제시하여 고객 확보하기

- **등장인물:** 시중 △△은행에서 수신업무를 맡은 도 대리, 송감찬
- **상황:** 고객 유치 경쟁에서 패배할 위기에 처한 도 대리. 송감찬의 강의 소문을 들은 도 대리가 급작스럽게 전화로 상담해 왔다.

도 대리: 제가 은행에서 수신업무를 맡고 있습니다. 그런데 이번에 한 고객을 두고 여러 은행이 고객 유치 전쟁을 치르고 있습니다. 이 고객은 30억원을 예치할 계획을 세우고 계셨습니다. 단일고객으로는 엄청난 금액이죠. 게다가 이 분은 주변에서 매우 유명인사거든요. 제 승진은 이 고객을 유치할 수 있느냐 없느냐에 달려 있습니다.

송감찬: 액수만 들어도 굉장히 중요한 거래일 것 같군요. 그런데 무엇이 문제이신가요?

도 대리: 다른 은행과 저희 은행의 금리가 겨우 0.1%밖에 차이가 안 난다는 것입니다. 저희도 저희 나름대로 중요한 고객이니 당연히 특별 우대 금리를 적용했지요. 하지만 경쟁 은행에 빼앗길 위기에 처했

 첫 번째 강의 감성이익 전달법 – 상품정보보다는 감성이익을 전달하라

습니다. 오늘 그 고객을 직접 찾아뵈었더니 ㅇㅇ은행의 금리가 저희보다 0.1% 높다고 하시더라고요. 이 수치를 무시하지 못하겠으니 미안하지만 돌아가 달라고요.

송감찬: 더 이상의 금리 인상은 불가능한 겁니까?

도 대리: 네. 지점장님께 보고 드렸지만, 더 이상은 어렵다고 하셨습니다. 포기하려다 송감찬님이면 무슨 답이 있을까 싶어 전화 드렸습니다.

송감찬: 적금은 금리가 처음이자 마지막 조건이기 때문에 감성칭찬으로도 해결하기 쉽지 않은 불리한 상황이네요. 이거 아무런 도움도 못되어 드려서 죄송하게 되었습니다. 하지만…….

도 대리: 혹시 좋은 방법이 있나요?

송감찬: 도 대리님! 내일 그분을 다시 한 번 찾아가세요. 그리고 오늘 제가 알려 드리는 대로 말씀을 드려 보세요. 대신에 결과가 달라지지 않더라도 저를 원망하시거나 하시면 안 됩니다. 감성칭찬의 관점에서 보면 다시 한 번 부딪혀 볼 여지는 있다고 보여서 드리는 말씀입니다.

도 대리: 네? 무슨 말씀이신지?

  감성설득 고객의 마음을 사로잡는 감성칭찬 화법

송감찬: 도 대리님의 말씀을 요약해 보면 그분은 경제력이 있고, 지역 유지이고, 신망이 높고, 인품도 훌륭한 사람이네요.

도 대리: 네, 맞아요.

송감찬: 최종 금리는 경쟁 은행과 0.1% 차이가 나면 바뀔 가능성은 거의 없다고 보이네요. 자, 지금까지의 대화를 정리해 보면 내일 그분을 만나서 해야 할 얘기가 다 정리된 것 같아요.

도 대리: 네? 무슨 말씀이신지 저는 도무지 모르겠어요. 내일 할 얘기가 정리되다니요?

송감찬: 제가 지금부터 정리해 보겠습니다. 내일 이렇게 말씀해 보세요.

사장님! 저는 수신업무를 담당하고 있는 △△은행 도○○ 대리입니다. 우연하게 사장님께서 목돈을 맡기시려 한다는 정보를 알게 되어 도움을 드리기 위해 최선을 다해왔습니다. 하지만 결국 경쟁 은행과의 금리 경쟁에서 지고 말았습니다. 지점장님도 사장님을 고객으로 모시고 싶어 하는 마음은 저 못지않았지만 포기하는 수밖에 없었습니다.

사장님과 같이 두루 존경받으시는 분을 고객으로 모실 기회를 잃어 무척 아쉽습니다. 사장님같이 사회적인 성공뿐만 아니라 인품이 훌륭하신 분을 고객으로 모실 기회가 저와 저희 은행에 다시 올지 모르겠습니다.

'사장님을 고객으로 모시기'는 개인적으로 과장 승진 심사를 앞두고 회사에 제 능력을 보여줄 소중한 기회였습니다. 사장님처럼 훌륭하신 분을 고객으로 모셔서 누구나 인정하는 과장이 되고 싶었는데 이런 어마어마한 기회를 놓치다니요. 아직 제가 여러모로 부족했나 봅니다.

사장님이 아무런 보상도 없이 0.1%의 이자 손해를 보면서까지 제 고객이 되어 주십사하고 부탁하는 것이 제가 생각하기에도 너무 뻔뻔하고 염치없는 부탁임을 잘 압니다. 그래서 머리로는 몇 번을 포기했었습니다. 그러나 제 가슴이 끝내 포기가 안 되네요.

사장님! 그냥 눈 딱 한 번 감으시고 젊은 친구 하나 도와주는 셈치시고 제 고객이 되어 주실 순 없을까요? 워낙 큰 고객이신지라 이토록 미련이 남네요. 아니면 제가 두 번 다시 미련을 갖지 못하도록 따끔하게 혼내 주십시오.

한 번 이렇게 전화 통화를 해 보십시오.

도 대리: 네. 한 번 시도해 보겠습니다. 아예 솔직하게 제 상태를 말하고 도움을 요청하는 식이네요. 하지만 과연 잘될까요?

 감성설득 고객의 마음을 사로잡는 감성칭찬 화법

송감찬: 어차피 이대로 고객을 놓치게 될 거라면 한 번 더 부딪혀 보는 것입니다. 사람들은 의외로 다른 이를 돕기를 즐긴답니다. 게다가 도 대리님 말대로 인품이 훌륭한 분이시라면 금전적 손해를 감수하시고 도와주실 가능성이 높습니다. 문제는 도 대리님이 도움을 줘도 아깝지 않을 사람으로 보일 수 있느냐 없느냐에 달려 있습니다. 단, 무엇보다 중요한 점은 제가 말씀드린 내용을 기교를 부려 연기하는 게 아니라 도 대리님의 진심을 담아 마음을 전달하도록 시도해 보라는 것입니다.

• **결과:** 이틀 후 도 대리로부터 그 고객에게서 30억원 예치를 성공했고, 앞으로도 많은 도움을 주겠다는 다짐을 받았다는 연락을 받았다.

김 PB 님 방식대로라면, 결코 이런 일은 일어날 수 없을 것입니다. 하지만 김 PB 님은 이번에 고객을 잃었고, 도 대리는 고객 유치에 성공했습니다. 어쩌면 김 PB 님이 원망하는 경쟁 금융사 PB가 도 대리 같은 사람이었을지도 모르겠네요.

명심해야 할 것은 이런 얘기를 토씨 그대로 외워서 연기하는 것이 아니라 진심이 담겨 있어야 한다는 것입니다.

다음은 금융사 PB가 고객에게 추억을 통해 감성이익을 제공하는 장면입니다.

이 PB: 사장님께서는 부동산 투자 분야에서는 누구도 흉내 낼 수 없을 만큼 성공을 거두신 분이라는 것을 저뿐만 아니라 모든 사람이 인정하고 존경받으시는 분인데요. 오늘 투자 상담을 위해 사장님을 뵙게 되어 무척 영광입니다. 그래서 죄송하지만 크게 용기를 내어 부탁을 해봅니다. 사장님의 성공 일화를 짧은 시간 내에 들을 수는 없겠지만 귀중한 시간을 빼앗을 수는 없으므로 간략하게나마 들려주셨으면 합니다. 짧은 이야기라도 제 가슴속에는 엄청난 울림으로 남을 테니까요. 가슴 깊이 새겨두고 제 인생의 교본으로 삼으며 고이고이 활용하려고 합니다. 이 상담에 사장님의 귀한 시간을 내어 주셔서 감사하기에 이렇게 요청을 하는 게 무례한 부탁인 줄은 알지만…….

사장: 성공방법이 뭐 따로 있겠어요? 그저 열심히 성실히 사는 거지 뭐.

이 PB: 그래도 부동산 투자라는 것이 남들이 보지 못하는 것, 남들이 예측 못 한 것들을 예측할 수 있는 능력이 중요하다고 하던데요?

사장: 그렇지. 그런 점이 있지. 적절한 물건, 자본력, 부동산 시장에

대한 미래 예측 등 생각보다 복잡하고 어렵지.

이 PB: 그러면 사장님! 사장님께서 투자하셔서 성공하신 부동산 가운데 가장 기억에 남는 사연을 여쭤 본다면 실례가 되진 않을까요? 이거 너무 궁금해지니까 제가 제 주제를 망각하면서까지 여쭙게 되네요. 혹시 무례가 된다면 제가 취소하겠습니다.

사장: 실례될 것이 뭐가 있나요? 궁금하면 물어보고 그럴 수 있는 거지. 내가 10년 전에 건물을 하나 인수 할까 말까로 대단히 고민한 적이 있었어. 소유관계가 복잡하게 얽혀 있는 건물이었는데 이 건물을 잘 인수하면 꽤 큰돈을 벌 수 있지만 잘못되면 어마어마한 손실을 볼 수도 있는 건물이었거든.

이 PB: 그래서 어떻게 하셨는데요?

사장: 지금 생각하면 참 과감한 투자였지. 지금은 그 건물을 사라면 아마 안 샀을 거야. 그런데 그때는 젊은 혈기도 한몫해서인지 주변에서 만류하는 사람이 많았지만 나는 투자를 결행했어. 소유관계가 복잡하다고 했지? 나 혼자 그 건물과 관련된 인물들을 일일이 다 찾아가서 실타래를 풀고, 안 된다 싶으면 끈질기게 물고 늘어져서 나중엔 다들 학을 뗐지. 하하. 그때가 내 평생 제일 말을 많이 하고 또 잘한 날이야. 이거다 싶으니까 머리가 팍팍 돌아가더라고. 아무튼, 나는 결

국 성공적인 투자로 만들었지. 아마도 지금의 내가 있게 된 결정적인 전환점이 아마 그 투자의 성공 때문일 거야. 갑자기 그때 일을 얘기하니까 감회가 새롭네그려.

이 PB: 와, 모든 사람이 만류했지만 고독한 결정을 내리셨고 결국 성공하셨네요. 그런 깊은 사연들이 있으셨기 때문에 오늘날의 사장님이 계신 것이겠지요. 더 많은 말씀을 듣고 싶지만, 그 이상은 예의가 아닌 것 같아서 제 설명을 드리겠습니다. 다만, 만약에 오늘 저를 선택해 주셔서 제 고객이 되신다면 나중에라도 사장님의 과거 경험담을 조금씩 들려주셨으면 합니다.

사장: 그래요, 나도 오랜만에 옛날 얘기했더니 기분이 좋구먼. 오늘 좋은 인연 맺게 되면 가끔 만나서 소주 한 잔 합시다.

이 PB: 그래 주신다면 저야말로 영광입니다. 좋은 조언을 듣는 대가로 소주는 제가 사겠습니다.

사장: 그래도 나이를 더 먹은 내가 사야지.

이 PB: 길몽도 돈 주고 사야 제 것이 된다고 배웠습니다. 좋은 조언을 듣고 제가 제 인생에 도움이 되려고 하는 것인데 당연히 그 대가로 술을 제가 사야죠. 소주 사 드리고 사장님의 얘기를 듣는다면 말도 안 성공은 고난 끝에 오는 것이라고 하지요. 사회적 입지가 높은 고객일수록 그런 입지를 다지기 위해 많은 우여곡절을 겪었을 가능성이 큽니다. 그 우여곡절 중에는 남에게 알려지기 싫은 경험도 있고, 자랑하고 싶은 경험과 내용도 있을 것입니다. 여러분이 관심을 두고 이끌어내야 할 내용이 바로 '고객이 자랑하고 싶은 경험이나 내용'입니다. 이 소재를 이끌어내는 데 성공한다면 더는 고객과 여러분은 '남남'이 아닙니다. 여러분은 고객의 소중한 추억을 공유하는 '특별한 관계'가 되는 것이지요. 감히 자신의 아련한 추억거리를 얘기했다면 이미 여러분을 마음속에서 대화 상대자로 인정했음을 의미합니다.

이 감성이익 전달의 좋은 점은 '고객이 스스로 자기 자신을 칭찬하게 할 수 있다는 것'입니다. 여러분이 힘들게 '칭찬 거리'를 찾아낼 필요가 없다는 것이지요.

▶ 이야, 그때 그 시절에 그런 생각을 하셨다니 제가 그 상황이었다면 생각도 못했겠는데요. 과연 고객님입니다.

이 감성이익 전달 방법에서 중요한 것은 '호응'입니다. 고객이 얼마나 힘들게 성공했는지 그리고 그 사람의 영웅담을 들어주십시오. 판소리 무대의 고수처럼, 적절한 때에 흥을 살려주는 호응은 여러분의 상담을 더욱 매끄럽게 진행해줄 것입니다. 또 **호응을 적극적으로 하다 보면 그만큼 여러분의 상품에 관해 설명할 기회를 포착하기도 좋습니다.**

  감성설득 고객의 마음을 사로잡는 감성칭찬 화법

감성이익 전달법 3
고객이 속한 집단을 칭찬하여
고객을 칭찬하라

사회에서는 흔히 '격'이라는 말을 많이 씁니다. '격'과 '급', '인맥' 모두 우리가 속한 집단과 다른 집단을 구분하는 데 쓰는 말인데요. 우리는 우리가 속한 집단을 통해 스스로 이미지를 만들어가곤 하지요. 상대가 칭찬에 아주 익숙한 사람이라면 그가 속한 '집단'을 칭찬하는 것도 효과적인 감성이익 전달 방법입니다.

▶ 제가 이전에 거래했던 고객 중 한 분이 고객님과 같은 대학 출신이셨습니다. 참으로 교양 있고 호감 가는 신사분이셨는데요. 사회 생활하면서 이 대학 출신의 고객님 또래 분을 뵈면 다들 문화생활 수준이 높으시더군요.

▶ 아아, 고객님도 다도를 즐기시는군요. 다도 하시는 분들은 언제

언뜻 보면 엉뚱한 사람의 이야기이지만, 고객은 이미 '그 엉뚱한 사람'을 자기 자신으로 느끼고 있을 것입니다. 이렇게 하면 단순한 칭찬에서 벗어나 좀 더 다양하고 세밀한 칭찬이 가능하겠지요. 고객이 '이 사람 날 칭찬하지 못해 안달이 났구나'라고 느끼는 부담을 주지 않으면서도 '이 사람과 이야기하면 어쩐지 기분이 좋아. 이 사람과 더 이야기하고 싶다'라고 스스로 행동하게 할 수 있습니다.

　감성설득 고객의 마음을 사로잡는 감성칭찬 화법

감성이익 전달법 4
거절처리화법:
YES + '칭찬' + BUT!의 대화술

지금까지 원활한 대화를 예시로 감성이익 전달법을 보여드렸습니다. 하지만 상담하다 보면 모든 이야기를 긍정적으로 할 수는 없지요. 상담을 하다 보면 고객이 잘못 이해하고 있는 내용에 대해서 고쳐줘야 할 때도 있습니다. 을에게는 대단히 곤혹스러운 순간입니다. 고객의 올바른 이해를 돕기 위한 반론이지만 행여 고객의 반발을 사게 되지는 않을까 두렵기 때문입니다.

그렇지만 설득을 하다 보면 고객의 잘못된 생각을 정정시켜야만 계약을 시도할 수 있는 아이러니한 순간이 꽤 있습니다. 바로 이 순간에 여러분이 고객의 마음속에 쌓아 올린 감성칭찬이라는 '신뢰 마일리지'가 위력을 발휘할 것입니다. 여러분이 적극적으로 동의해 주었다면 고객의 기억 속에는 그 기억이 강하게 남아 있기 때문에 고객은 여러분의 반론

에 대해서 거부감을 느끼지 않습니다. 이 상황을 한마디로 정의해 보겠습니다.

아홉 번의 끄덕임(동의)이 한 번의 가로저음(반론)을 살려줍니다.

사람들은 자신의 의견을 반박당하면 '자기 자신에 대한 모욕'으로 느끼기 쉽습니다. 그러니 아무리 정확한 지적, 올바른 충고라고 해도 부정형부터 먼저 들이대면 설득 성공은 먼 곳으로 달아나는 것입니다. 고객에게 지적해야 할 때에는 반드시 칭찬을 먼저 시작하세요. 공식으로 표현하면 이렇게 됩니다.

> **일반 반응: Yes + But…….**
>
> 네. 그렇게 생각하신다고요. 하지만 고객님. …….

> **감성이익 전달 반응: Yes + '칭찬(동의 + 인정)' + But…….**
>
> 네. 그렇게 생각하신다고요. 과연 고객님은 남과는 다른 감각을 가지고 계시네요. 맞습니다. 고객님께서 그런 염려를 하시는 것도 당연합니다. 하지만 고객님…….

고객에게 지적하기 전에, 칭찬을 먼저 하세요.

여기에서 어떤 칭찬을 할지도 중요한 문제입니다. 이야기의 흐름과 상관없이 고객의 장점 칭찬으로 넘어가서는 안 되겠지요. 고객의 생각에 동의하고, 그 생각이 훌륭하다고 인정하는 방향으로 가야 합니다. 그래야 고객은 당신이 자신의 이야기를 잘 들어 주었다고, 충분히 고려해 보았다고 생각하게 됩니다. 그렇다면 동의하기와 인정하기는 어떻게 해야 할까요?

동의는 상담 시작에서부터 끝까지 어디에나 들어가는 요소입니다. 고객이 된 후의 관리 시에도 물론 빠짐없이 들어가지요. 고객의 생각을 정정해야 할수록, 고객이 잘못된 정보를 알고 있을수록 일단 '동의'하세요. 고객에게 '고개를 끄덕이면 끄덕일수록' 나중에 반론을 제기할 기회를 얻습니다.

만약 이 고객과 당신이 비즈니스 관계로 만난 게 아니라면 바로 반박하는 것이 가능하겠지요. 비즈니스 관계가 아닐 때에는 그렇게 해도 관계가 유지되니 상관없습니다. 하지만 우리는 지금 이익을 주고받는 문제로 처음 만난 사람들입니다. 그 외에는 인적 관계가 거의 없습니다. 이럴 때 다짜고짜 반박을 했다가는 고객의 '대화하고자 하는 욕구'가 격감하여 버립니다. 대화조차 하고 싶지 않은 사람에게서 물건을 살 가능성은 더욱 떨어지겠지요?

그렇게 동의한 다음에는 또 인정하는 말 한마디를 넣어 줍니다. 조금 전 설명한 동의와 지금 설명할 인정은 많은 부분에서 중첩되는 개념입니다. 그렇지만 제가 굳이 동의와 인정을 나눈 이유는 동의가 간접적인 칭찬이라면, 인정은 직접적인 칭찬이기 때문입니다.

이렇게 적극적으로 인정함으로써 고객은 당신이 자신의 의견에 반박하리라는 것을 예측하지 못하게 됩니다. 그리고 정작 반박을 받더라도 오히려 당신의 지적에 고마워할 뿐 당신에 대해 반감을 갖지 않습니다. 당신이 이미 '반박한 부분'을 제외한 다른 부분에서 고객을 충분히 인정했기 때문이지요.

일반 감성과 비즈니스 감성의 차이는?

	일반 감성	비즈니스 감성
감성의 주체	나 자신	고객
얻는 이익	단순한 감성	감성 이익

흔히 사람들은 감성이라고 하면 '희로애락'을 떠올리기 마련이지요. 하지만 이는 우리가 아는 '일반 감성'입니다. 일반 감성은 개인에게는 무척 중요하지만, 비즈니스 상황에서도 그대로 적용하면 안 됩니다. 그렇게 했다가는 우리 자신만 피로해질 뿐 설득력은 떨어지고 역효과만 납니다. 그렇다고 비즈니스 활동에 감성을 완전히 배제해야 하느냐고요? 그렇게 해서는 안 되고, 그럴 수 없다는 것도 이미 잘 아실 것입니다. 그렇다면 우리에게 정말 필요한 감성은 무엇일까요?

비즈니스에서 써야 하는 것은 '비즈니스 감성'입니다. 여기에서 중요한 것은 감성을 느끼는 주체는 고객이고, 고객이 감성을 느끼게 하는 주체는 바로 여러분입니다.

다시 말하면, 고객은 여러분의 어떤 행위들로 인해 감성을 갖게 되며, 이렇게 고객의 마음속에 생성된 감성은 칭찬을 만나서 감성칭찬으로 승화된 다음 감성이익으로 바뀌어 다시 여러분에게 되돌아오는 것입니다.

일반 감성과 비즈니스 감성의 가장 큰 차이는 감성의 주체가 나이냐,

고객이냐는 것입니다. 다시 말씀드리면 감성이익이란 고객이 느낀 마음의 이익이며, 이익을 느낀 고객은 여러분에게 계약이라는 선물을 주는 것입니다. '내 감성', '내 이익'을 생각하기 전에 한발 먼저 고객의 감정이 어떠할지에 관심을 가지는 것이 비즈니스 감성을 만드는 첫 번째 태도입니다.

그리고 이렇게 비즈니스 감성적 태도를 몸에 익히고 나면 고객을 상대하는 게 예전보다 훨씬 편해졌다는 것을 체감하실 수 있습니다. 무엇보다도 여러분 자기 자신이 고객을 대하는 게 기대되고 즐거울 것입니다.

사람은 다른 사람에게 인정받는 데서 가장 큰 만족감을 느낀다고 합니다. 다른 사람들의 인정을 받기 위한 가장 쉬운 방법이 그 사람들의 필요를 충족시켜주는 것입니다.

- 당신은 정말 필요한 사람이야.
- 당신만큼 내 마음을 알아주는 사람은 없어.

고객에게 이런 평가를 계속 받을 수 있다면 여러분의 상담은 '수익을 내기 위한' 일의 차원을 넘어서게 될 것입니다. 그때야말로 '설득이 천직이다'라는 말이 나오게 되는 것이지요. 비즈니스 감성을 강화하면 강화할수록 선순환이 일어나게 되는 것입니다.

이 선순환으로 얻을 수 있는 이득에 어떤 것이 있을까요. 다음과 같이 네 가지로 정리해 볼 수 있겠습니다.

　　감성설득 고객의 마음을 사로잡는 감성칭찬 화법

첫째, 칭찬은 정해진 틀 안에 있는 언어이자 단어이지만 감성은 정해진 틀 안에 있는 언어나 단어가 아닙니다. 감성도 고객과 대화를 나누는 언어임은 틀림없지만 말로 표현되는 언어가 아니라는 점이 칭찬과 다릅니다. 굳이 정의를 내리고자 한다면 틀 밖의 언어라고 할 수 있겠습니다.

둘째, 감성이라는 틀 밖의 언어가 중요한 이유는 고객과 진정한 소통이 될 수 있도록 도와주는 역할을 한다는 것입니다. 여러분이 잘 알고 계신 바와 같이 단지 고객과 대화를 많이 나누었다고 해서 설득 확률이 오르는 것은 아닙니다. 대화에도 질이 있기 때문입니다. 시간 관계상 짧은 대화를 할 수밖에 없다 하더라도 교감이 있는 대화를 나눈다면 교감 없이 오랜 시간 나눈 상담보다도 상담의 질이 훨씬 더 높은 경우가 많습니다.

셋째, 감성이익을 느낀 고객은 가격에 대해 날카로운 분석이 무뎌집니다. '저 친구 열심히 하려고 노력하는구나' 등의 긍정적인 생각도 하게 됩니다. '이성적 이익'에서는 아예 기대할 수 없었던 놀라운 변화인 셈이죠. 그래서 감성칭찬을 받고 흐뭇해진 고객은 여러분을 냉철한 분석과 판단으로 가혹하게 다루지 않습니다. 오히려 깎아 주려는 여러분에게 적정한 가격을 받아도 된

   첫 번째 강의 감성이익 전달법 – 상품정보보다는 감성이익을 전달하라

다면서 여러분의 처지를 적극적으로 살펴주는 고객들도 심심찮게 있습니다.

넷째, 감성이익을 느낀 고객이 경제적 부담감을 느끼고 있다면 계약을 취소하기 전에 판매자에게 상의하게 되어 있습니다. 막상 계약하긴 했지만 경제적으로 부담될 것 같다는 진솔한 표현을 판매자에게 털어놓습니다. 고객이 진심을 담아서 판매자에게 말한다는 것은 사실 어마어마하게 놀라운 얘기입니다. 그래서 여러분은 고객의 경제 사정에 알맞은 상품으로 다시 판매할 수 있는 기회가 주어지는 것입니다. 이 모든 것들이 여러분이 고객에게 제공한 감성칭찬, 즉 다양한 칭찬의 산물인 것입니다.

 감성설득 고객의 마음을 사로잡는 감성칭찬 화법

두 번째 강의

감성터치법 - 감성터치로
고정고객을 확보하라

두 번째 강의: 감성터치법
감성터치로 고정고객을 확보하라

강사 **송감찬**   수강생 **윤지원**

디자이너 윤지원(34세) 씨는 매우 내성적인 성격으로 고생하던 중 회사를 그만두고 작은 카페를 차렸다. 단골손님 몇 명과 함께 조용하고 아늑한 카페를 운영하는 것이 그녀의 꿈! 주변의 도움으로 동네에 그럴듯한 카페를 차리는 데에는 성공하는데······.

가게를 연 지 1년째. 카페에 단골이 생기지 않는다. 오며 가며 들르는 손님들은 모두 그녀의 커피가 맛있다고 하는데 도대체 무엇이 문제일까? 그녀는 손님들에게 어떻게 다가가야 할지 몰라 쩔쩔매고 있다.

감각적인 카페를 만들고 싶었던 윤지원 씨의 고민:

왜 내 가게에는 단골이 안 생기지?

윤지원: 전 디자인 회사에 다니다 동생과 돈을 합쳐 작은 카페를 냈어요. 3년 넘게 야근에 치이다 보니 도저히 이렇게는 못 살겠다 싶더라고

요. 프리랜서로 일하면서 집 근처에 작지만 감각적인 카페를 차리고 지친 사람들을 편안히 쉬게 해줄 수 있다면 좋겠다고 생각했지요.

송감찬: 말만 들어도 기분 좋은 카페로군요. 요즘 윤지원 씨처럼 카페를 운영하는 젊은 프리랜서가 많던데요.

윤지원: 동생은 건축 쪽에서 일하고 있어서 가게 시공에서 비용을 굉장히 절약할 수 있었어요. 가게 인테리어도 친구 디자이너에게 부탁해 만족할만한 결과를 얻었고요. 비록 동네에 있어서 많은 손님을 끌지는 못하지만 애초에 돈 욕심으로 낸 가게가 아닌걸요. 단골들만 유치할 수 있으면 쉬엄쉬엄, 내 작업실에 손님을 맞는다는 기분으로 운영하려고 했죠. 그런데 한 자리에서 카페를 한 지 1년이 다 되도록 이렇다 할 단골이 생기지 않는 거예요.

송감찬: '단골을 노리고 운영하는 카페에 단골이 생기지 않는다'라. 혹시 실례지만 커피가 맛이 없는 건 아닌가요?

윤지원: 전 바리스타 자격증이 있고요. 맛이라면 같은 동네 카페 중에서는 어느 가게에도 지지 않을 자신이 있어요. 유행에 따라 계속 특별 메뉴도 만들고 있고요. 그리고 저희 가게에 온 손님 중에 음료가 맛이 없다고 하신 분은 한 분도 없었어요.

     두 번째 강의 감성터치법 – 감성터치로 고정고객을 확보하라 

송감찬: 하하, 자부심을 가지고 계신 것은 좋은 일입니다. 그런데 인테리어도 잘되었고 음료도 맛있다면, 윤지원 씨는 무엇이 문제라고 생각하십니까?

윤지원: 저희 카페는 동네에 있지만 위치가 나쁘지 않아요. 동네 큰길로 통하는 길목에 있어서 이 동네 주민이면 누구나 한 번씩은 지나치는 곳이거든요. 그러니 위치는 문제가 아니겠죠? 아까 말씀드린 대로 카페 인테리어나 음료 문제도 아니고요. 가격도 다른 카페와 비교해서 싼 편이니 가격 문제도 아니네요. 글쎄요. 결국은 제가 문제인 것 같아요.

송감찬: 구체적으로 어떤 점이 문제라고 생각하십니까?

윤지원: 제가 손님들에게 특별한 인상을 못 남기는 것 같아요.

송감찬: 호오? 인상을 남기지 못한다고요?

윤지원: 네. 저희 카페는 아까 말씀드린 대로 오며 가며 지나가면서 '한 번씩' 들르는 손님들은 많아요. 하지만 그분들 중에서 단골이 생기지 않는 거예요. 어쩌다 다시 저희 카페에 들러주시는 분들도 일부러 찾은 게 아니라 우연히 문이 열려 있어서 들어왔다는 식이에요. 저희 카페를 기억하고 오신 게 아닌 거죠.

송감찬: 그렇게까지 생각하신다면 그건 윤지원 씨 스스로 자신의 손님 맞이 태도에 문제가 있다고 생각하신다는 거군요?

윤지원: 네. 그게……. 사실 이제야 고백하는 거지만. 저는 손님들에게 말을 잘 못 걸거든요.

송감찬: 손님을 싹싹하게 대하지 못한다는 말씀이신가요?

윤지원: 카페 운영이라는 게, 결국 손님과 대화를 할 일은 주문을 받을 때뿐이잖아요? 손님이 주문하시면 주인이나 점원은 대답하고 계산하고 ……. 길게 말을 붙일 핑계가 없다고나 할까요.

송감찬: 하지만 작은 틈이라도 분명 말을 걸 기회는 있을 텐데요. 주문 과 돈 계산을 하는 사이에도 충분히 대화가 오갈 틈이 있습니다.

윤지원: 알아요. 영화나 드라마를 보면 카페 주인이 손님에게 자연스럽 게 말을 걸잖아요. 저도 그렇게 하고 싶어요. 하지만 마음을 굳게 먹어 도 그게 영……. 어물거리다 말할 기회를 놓치는 때가 많고요. 말을 하 더라도 손님이 잘 못 알아들으시더라고요. 괜히 손님에게 더 부담을 드 리는 거 같고…….

송감찬: 친숙하게 대화를 트며 단골손님을 만들고 싶지만, 손님 상대

 두 번째 강의 감성터치법 – 감성터치로 고정고객을 확보하라 

요령이 안 생기신다는 말씀이신 거네요?

윤지원: 네! 바로 그거예요. 사실 예전에 다니던 회사를 그만두고 프리랜서로 전향한 것도 사람들과 의사소통이 서툴러서였어요. 회사가 아니면 나아질 줄 알았는데……

송감찬: 이제는 카페가 윤지원 씨의 회사인 것입니다. 그러니 당연히 이전 회사에서처럼 말이 잘 안 나오시겠지요. 칭찬 화술은 기분만으로 연마되는 게 아닙니다. 왜 내 말이 상대에게 전해지지 않는지 확실히 문제를 파악하고 해결해야 하는 거지요.

송감찬의 클리어 진단. 감성칭찬을 통해 좋은 인상을 남겨라

송감찬: 커피처럼 이미 흔해진 상품, 어필하기 어려운 상품을 판매할 때에는 어떻게 해야 단골을 확보할 수 있을까요? 지금부터 방법을 알아보겠습니다.

윤지원: 하지만 정말 좋은 방법이 있을까요? 고객과 긴 상담시간을 할 수 있는 판매도 아닌걸요.

송감찬: 손님에게 어필할 방법이 없다고, 시간이 없다고 손을 놔버릴

 감성설득 고객의 마음을 사로잡는 감성칭찬 화법

수는 없습니다. 오히려 반대로 이런 환경에 맞는 고객응대법을 연구해야지요. 손님은 단 1초를 만나도 손님, 한 가지 서비스를 제공해도 판매인 것입니다.

윤지원: 1초를 만나도 손님이라……. 저도 마음은 그런데요. 하지만 제 마음을 어떻게 표현해야 할지 모르겠어요.

송감찬: 이제부터 제가 알려드릴게요. 그럼 '카페'라는 매장의 특수성부터 살펴볼까요? 일반적으로 커피전문점의 성공률은 장소와 브랜드에 좌우된다고 합니다. 그러나 이렇게 좋은 조건을 선점하기 위해서는 그만큼 비용을 들여야 하지요. 높은 보증금과 임대료, 관리비, 브랜드 사용료를 내려면 수지타산을 맞추기 힘들지요. 세상의 모든 카페가 이 조건에 맞추고 있는 것은 아닙니다. 입지 조건과 브랜드 그 외 서비스를 제공하는 거지요.

윤지원: 당연하죠. 휴식 공간을 꾸미고 배경음악을 틀고, 냉난방으로 쾌적한 환경을 조성하고요. 조명 관리도 중요하죠.

송감찬: 맞습니다. 윤지원 씨께서 직접 카페 경영자이시니 제가 더 말할 것도 없겠지요. 커피전문점은 외부에서 보기보다 훨씬 많은 서비스를 제공합니다. 이 모든 게 손님이 고려하는 사항에 들어 있어요. 그런데 왜 윤지원 씨께서는 손님과 마주하는 건 주문을 받을 때뿐이라고 한

두 번째 강의 감성터치법 – 감성터치로 고정고객을 확보하라

정하십니까?

윤지원: 네? 그야 주문을 받을 때 외에는 직접 말을 건넬 기회가 없으니까요.

송감찬: 손님은 단순히 커피 한 잔이 아니라 분위기를 소비합니다. 손님과의 직접 대화가 짧다고요? 하지만 그 짧은 대화를 통해 손님이 카페에서 즐기는 시간 전체를 특별하게 만들어 줄 수 있습니다. 간단하고도 특별한 칭찬. 이것이 윤지원 씨의 강력한 무기가 되어 줄 것입니다.

윤지원: 네? 한두 마디로 그런 게 정말 가능할까요?

송감찬: 그럼요. 손님과 주고받는 말 한마디를 늘림으로써 윤지원 씨의 카페를 좀 더 특별히 기억하게 만들 수 있습니다. 윤지원 씨. 설마 커피 주문을 받는 사이에 한마디 정도 더 넣을 짬도 없다고 하시지는 않겠지요?

윤지원: 글쎄요. 하지만 전 항상 카운터 뒤편에 있는데……. 게다가 외모도 그저 그래서 자신감이 넘치는 것도 아니고요. 멋지고 특별하게 어필하는 게 가능할까요?

송감찬: '멋지고 특별할' 필요는 없습니다. 윤지원 씨는 그때 할 수 있는 적절한 말만 하면 됩니다. 그 말을 멋지고 특별하게 기억하는 건 손님의

많이거든요. 카운터 뒤편에 있다고 해서 스스로 존재감이 없다고 생각해서는 안 됩니다.

윤지원: 그럼 저는 오늘부터 화술 학원이라도 다니며 말하는 법을 익혀 봐야겠어요. 전 말재주가 워낙 없어서…….

송감찬: 화술 학원이요? 아니요. 그렇게까지 하실 필요는 없습니다. 제가 지금 여기에서 '적절하고도 센스 있는' 고객응대법을 알려드릴 테니까요. 윤지원 씨, 앞으로 상대할 손님들에게 꼭 한마디씩 칭찬을 던져 보세요. 호들갑을 떨어야 한다거나 대단한 칭찬을 해야 한다고 겁먹을 필요는 없습니다.

윤지원: 정말 그렇게 간단한 칭찬법이 있다면 좋겠어요. 저처럼 말을 길게 못하는 사람한테 꼭 필요하니까요.

송감찬: 커피 주문을 받을 때에는 손님과 다양한 화젯거리를 찾기 어려워서 칭찬 역시 간략히 해야겠지요. 그리고 자연스럽되 손님에게 똑바로 전달되도록 해야 합니다. 즉 윤지원 씨는 칭찬을 아주 효율적으로 하셔야 하는 입장이에요. 그러기 위해서는 반드시 선행해야 할 두 가지가 있습니다. 의외라 생각하실 만큼 기초적인 사항이지만 정말 중요한 것입니다. 그건 바로 또렷한 발음과 생생한 어감입니다.

  두 번째 강의 감성터치법 – 감성터치로 고정고객을 확보하라 

감성터치법 1
매일 연습으로
발음을 또렷하게 교정하자

기껏 열심히 한 칭찬이 손님의 귀에 제대로 들리지 않는다면 어떨까요? 손님이 '방금 무슨 말씀을 하신 거예요?'라고 되묻는다면 그것만큼 민망하고 어색한 상황이 있을까요? 멋진 칭찬은 손님의 귀에 정확하게 전달되어야 합니다. 상품을 발송했는데 배달이 되지 않으면 말짱 도루묵 아니겠어요?

이때 발음이 매우 중요합니다. 같은 말이라도 불분명한 발음으로 하느냐 상대방에게 똑똑히 전달되게 하느냐에 따라 상대의 반응이 완전히 달라질 수 있습니다. 발음을 고치는 것만으로 손님은 여러분의 칭찬을 훨씬 신뢰하게 됩니다.

뉴스 앵커를 떠올려 보세요. 사실을 전달해야 하는 앵커가 갖추어야 할 최우선적인 자질은 앵커가 말하는 내용을 시청자가 들음과 동시에 이해되어야 한다는 것입니다. 만약에 아나운서의 발음이 부정확하다면 그만큼 내용에 대한 이해와 믿음이 함께 떨어질 수밖에 없습니다. 그래서 아나운서는 수습사원 시절에 혹독할 정도의 발음 트레이닝을 받는다고 합니다. 그 결과 아나운서가 아무리 말을 빨리해도 시청자는 큰 어려움이나 거부감 없이 알아들을 수 있는 것입니다. 우리는 아나운서처럼 고도의 트레이닝을 받을 수도 없고 또 굳이 그럴 필요까지는 없습니다.

다만, 지금의 발음 상태보다 좀 더 정확하게 발음하는 연습을 한다면 여러분의 설명을 듣는 손님은 여러분의 발음에서 더욱 진정성과 확신을 하게 될 것입니다. 하지만 발음은 말을 배울 때부터 형성된 습관이라 마음을 먹는다고 해서 단번에 고쳐지는 건 아니지요. 필요성을 느낀다고 해도 연습을 하지 않으면 발음은 고쳐지지 않습니다. 만약 '발음을 고쳐야겠다'고 생각해도 발음이 고쳐지지 않는다면 그건 분명 연습이 필요한 상태라는 걸 의미합니다. 그러면 연습하는 방법을 알아볼게요.

1단계: 자신의 발음 습관 파악하기

평소 손님을 응대할 때의 대화를 녹음해서 들어보세요. 가족, 지인 등 주변인과의 대화를 녹음해 보아도 좋습니다. 다만 혼잣말을 녹음하는 것은 좋지 않습니다. 혼잣말을 녹음하면 녹음을 의식하게 되어 자신의

평소 발음 습관이 나오지 않을 수 있거든요. 최대한 녹음을 의식하지 않은 상태에서 녹음한 후 자신의 발음에 어떤 문제가 있는지 확인해 보십시오.

2단계: 매일 아침, 어떤 텍스트든 세 번 이상 '또박또박' 읽는 연습하기

신문이나 요리책, 책의 짧은 구절, 인터넷 웹사이트에서 본 단편, 영화 대사 등 무엇이든 좋습니다. 그날 만날 손님과의 대화를 가상으로 작성해 보는 것도 좋겠지요. 발음에 주의해서 빠른 속도, 중간 속도, 느린 속도로 읽어 보세요.

'매일', '조금씩' 축적하는 연습은 무시할 수 없는 위력을 발휘합니다. 게다가 여러분이 이미 연습을 했다는 사실 자체가 자신감을 높여 주지요. 자신감이 명확하게 발음하고 침착하게 이야기하는 데 큰 도움이 될 것입니다.

 감성설득 고객의 마음을 사로잡는 감성칭찬 화법

감성터치법 2
어감을 살리는 1-1-1 법칙

어감이란 말투, 어조와 억양, 말의 빠르기 등을 통틀어 말하는 것입니다.

- 그래서 너무 속상했어. (평소와 같은 말투)

  ⇔ 그래서 속상해 죽는 줄 알았다니까. (짜증내는 말투)

  ➜ 같은 말이라도 말투에 따라 느낌이 달라집니다.

- 그게 불만인 거니?↗ (부드럽게 물어보는 듯한 억양)

  ⇔ 그게 불만인 거니!!! (강조하여 화내는 듯한 억양)

  ➜ 억양에 따라 분위기가 달라집니다.

- 어쩌면 좋을까? 어떻게 하면 좋지? (평소 빠르기)

  ⇔ 아, 어쩌면 좋지? 어떻게 하면 좋을까? (긴박함이 느껴지는 빠르기)

  → 말의 빠르기에 따라 긴박감(긴장감)이 달라집니다.

이렇게, 어감에 따라 같은 말도 다르게 느껴지지요.

칭찬 역시 마찬가지입니다. 같은 말이라도 어조의 높낮이가 변하지 않고, 말의 빠르기도 변하지 않는다면 손님은 여러분의 칭찬에 별 반응이 없을 것입니다. 사이보그도 아니고, 무미건조한 무말랭이처럼 칭찬한다면 감흥이 없겠죠? 달리 말해, '어조를 적절하게 높고 낮게 변형하고, 말의 빠르기를 조절한다면' 평범한 칭찬도 초특급 칭찬이 됩니다.

어감은 여러분에게 '고유한 색깔'을 부여해 줍니다. 어감을 살려 대화하면 손님은 당신을 다른 경쟁자보다 '훨씬 생생하게' 기억하게 됩니다. 여러분의 말이 진심에서 우러나오는 것을 느낄 수 있게 되지요. 그리고 손님과의 대화 중 가장 어감을 잘 살려야 하는 부분이 바로 '칭찬'입니다.

특히 한국어는 억양이 발달해 있지 않은데다 점잖은 것을 선호하는 분들은 어감을 살리는 데 부담을 느끼는 경우가 많습니다. '이렇게 목소리를 높이면 내가 너무 가벼워 보이는 게 아닐까?' 걱정하는 것이지요. 하지만 칭찬을 하는 순간만큼은 그런 걱정을 하지 마세요. **칭찬할 때에는 무조건 1-1-1 법칙을 기억하세요. '1-1-1 법칙'이란 어조는 한층 밝게,**

 감성설득 고객의 마음을 사로잡는 감성칭찬 화법

목소리는 한층 높게, 말하는 속도는 평소보다 한 박자 빠르게 혹은 느리게 조절하는 것을 말합니다.

- 어서오세요. ↘ 무엇을 찾으세요? 네. ↘ 잠시만 기다려주세요. ↘
  → 느릿느릿하고 우울하게 말하면 고객이 물건을 사고 싶은 마음이 들지 않겠죠?

- 어서오세요! 무엇을 찾으세요? ↗ 네! 잠시만 기다려주세요. ↗
  → 한 박자 빠르고 활기차게 목소리를 높여 밝은 인상을 주면 고객도 상품을 둘러볼 마음이 생기겠죠?

칭찬할 때에는 여러분의 평소 목소리보다 한 톤 밝게, 어조는 한층 높이도록 하세요. 평소 말이 빠르신 분이라면 일부러 말을 한 박자 느리게 해보시고요. 말이 느린 분이라면 그 반대입니다.

화가들이 그림을 그릴 때, 똑같은 색을 똑같은 채도와 명도로 칠한다면 무엇을 그리는 건지 구분할 수 없겠지요? 어감은 여러분의 칭찬에 명암을 넣어주는 것입니다. 손님의 주의가 쏠리도록 스포트라이트를 밝혀주는 것이지요.

어떤 감정이든 그 감정에 맞는 어감을 표현한다면 손님의 동의와 공감, 확신을 이끌어내기는 더욱 수월해집니다. TV 드라마나 영화를 보면 어떤 연기자는 연기가 매우 실감이 나는 반면에 어떤 연기자는 어색해 보이죠?

어색한 연기를 자세히 분석해 보면 연기자의 표정과 대사가 자연스럽지 못하고, 조화롭지 않다는 걸 알 수 있습니다. 어감은 진정성을 전달해야 하는 전문연기자에게는 목숨과도 같은 숙제이자 재능입니다. 특히 다양한 역할을 소화해야 하는 전문연기자에게는 제대로 된 어감의 표현 능력이 배우가 지녀야 할 능력을 평가하는 척도가 됩니다.

우리는 손님들 앞에서 손님들의 '구매욕'을 이끌어내야 하는 배우입니다. 손님을 설득하기 위해서 상담을 하는 여러분 역시 어감의 중요성을 충분히 인지하고 노력해야 합니다. 선물은 포장을 어떻게 했느냐에 따라서 선물의 진정성에 대한 평가가 달라지듯이, 여러분의 칭찬 또한 어감과 표현 능력에 따라 여러분에 대한 손님의 진정성 평가도 달라짐을 명심 또 명심하기 바랍니다.

감성터치법 3
간단한 말 한마디로 손님과 가까워지자

발음과 어조를 교정하여 칭찬을 똑똑히 전달할 수 있게 되었다면 이제 칭찬을 할 타이밍을 잡아야 하겠지요. 커피전문점 같은 환경에서는 손님에게 전달할 수 있는 '화제'가 제한적입니다. 손님이 오래 앉아 있을 의무도 없지요. 더욱이 서둘러 커피를 내가고 서비스를 제공해야 하는 판매자 입장에서도 손님과 길게 말을 주고받을 시간은 없습니다. 모든 손님에게 칭찬하기도 어려울 테고요.

칭찬하는 사람이 '칭찬하기 어렵다'고 부담을 느낀다면 듣는 사람은 이미 그 분위기를 눈치챕니다. 절대로 칭찬이 어렵다고 생각하지 마세요. 실제로 칭찬은 아주 쉽습니다. 칭찬을 들을 사람이 앞에 있다면 얼마든지 할 수 있는 게 칭찬입니다. 상품 하나를 살까 말까 고민하는 손님이라도 칭찬이라면 열 마디든 백 마디든 얼마든지 들으려 하게 되어

있습니다. 그럼 여기서 잠깐 스쳐 지나가는 손님에게 칭찬을 건넬 방법을 알아보겠습니다.

사소한 것부터 칭찬하라

너무 거창하게 칭찬하려 하지 마세요. '거창한 칭찬 문구'를 만들려고 생각하는 동안 손님을 세워놓는 시간만 낭비됩니다. 칭찬은 아주 사소하고 간단한 것에서부터 시작하세요.

> ▶ 아침 일찍 운동 다녀오시나 봐요? 어쩐지 항상 활기차 보이시더라.
> ▶ 수준이 높아 보이는 책을 읽고 계시네요.

손님이 들고 있는 소품, 입고 있는 옷, 머리 스타일, 안색, 주문하는 서비스 등 사소해 보이는 것에 간단한 코멘트를 더하세요. '반드시 손님을 띄워주어야겠다'는 식으로 미사여구를 늘어놓기만 하면 어색해질 뿐입니다. 간단하게 한두 마디 더하는 것만으로 '커피 주문만 받던 카운터'가 '단골을 만드는 마법의 테이블'이 될 수 있습니다.

  감성설득 고객의 마음을 사로잡는 감성칭찬 화법

　칭찬에는 정해진 격도, 자리도 없습니다. 칭찬은 연설이 아닙니다. 정해진 시간, 무대에 올라 외치는 게 아니니까요. 너무 정형화된 칭찬은 손님으로 하여금 '속셈이 들여다보인다'고 생각하게 합니다. 그보다는 우연히 문득 생각난 듯 한마디를 끼워 넣는 것이 훨씬 나을 수 있습니다.

　나는 저 손님을 잘 모르는데 우연히 손님의 장점을 체크할 수 있었다. 하지만 내가 그 점을 말하면 손님은 내가 너무 참견한다고 생각할 것이다. 아니면 내가 잘 전달하지 못해 손님을 당황하게 할지도 모른다. 어떤 사람들은 쑥스러움을 많이 탄다던대, 내가 손님을 아는 척해서 오히려 역효과가 나는 건 아닐까?

　이런 생각을 하나하나 하고 있다 보면 '우연히' 발견해 낸 기회도 놓칩니다. 우연히 손님에게 칭찬할 부분을 찾았다면 그 자리에서 바로 칭찬하세요. 발음과 어조만 적절하다면 손님이 당신의 칭찬을 못 알아듣지 않습니다. 그리고 사람은 누구나 칭찬을 좋아합니다. 설령 칭찬을 듣는 순간에는 당황하더라도 자신을 좋게 평가한 사람에 대한 인상은 아주 강하게 남습니다.

　그래도 걱정되시면 만약 칭찬이 실패한다 해도 잃을 것이 없다는 것만 상기하세요. 아무 말 없이 음료 주문만 받는다면 무난한 커피전문점의

직원으로만 보일 뿐입니다. 아무 장점 없는, 기억에 남지 않는 판매점에 그 손님이 다시 또 찾아올 확률은 얼마나 될까요?

만약 칭찬을 시도해서 실패한다면, 결과는 손님이 다시 이 매장에 올 확률에는 큰 영향을 미치지 않습니다. 반면 칭찬이 성공한다면, 손님은 분명히 이 매장을 '특별한 매장'으로 기억할 것입니다. '이 매장은 나를 특별하게 알아봐 준 매장'이라고 말이지요.

그래도 칭찬이 곧장 생각나지 않으신다면 이렇게 한마디라도 곁들여 보세요.

> ▶ 또 오셨네요, 감사합니다.

이런 간단한 인사 역시 칭찬에 속합니다. 손님이 한 번 더 방문해 주신 것에 감사하고 있다는 걸 확실히 인식시키는 것이니까요. 자기를 기억해 주는 사람, 자기를 좋은 이미지로 기억해 주는 사람이 마음속에 남는 것은 비단 손님뿐만 아니라 모든 사람이 공통으로 느끼는 인간의 본질입니다.

그럼 여기에서 어린아이와 젊은 부부가 손님으로 온 카페에서 점원이 한 현장 칭찬 사례를 보도록 합시다.

 감성설득 고객의 마음을 사로잡는 감성칭찬 화법

- **등장인물:** 점원, 어린아이와 함께 온 젊은 부부
- **장소:** 종로 극장가의 한 카페
- **상황:** 아이가 유아원에 들어간 것을 기념할 겸, 아이가 보고 싶다고 하던 애니메이션 영화를 보기 위해 주말 나들이 나온 젊은 부부. 극장가 뒤편 골목에 비교적 한가해 보이는 카페를 발견하고 들어섰다. 오전부터 어린아이를 데리고 돌아다니느라 부부는 둘 다 몹시 지친 상태. 그런데 아이가 낯선 카페에 들어와 칭얼대기 시작하는데…….

카페 점원: 아내분께서는 망고 주스, 남편분께서는 아메리카노 주문하셨습니다. 아, 혹시 아기용 작은 컵이 필요하신가요?

아내: 네. 안 그래도 필요했는데, 깜빡했네요. 감사합니다.

점원: 아이가 엄마 품에 안겨 곤히 자는 게 아주 예쁘네요.

아내: 저희가 오늘 종일 여기저기 돌아다녀서요. 피곤한가 봐요.

점원: 와아……. 아이랑 같이 놀러 나오신 거군요.

남편: 네. 요 앞 영화관에 애니메이션 보러 왔어요. 아이가 보고 싶다

고 해서요.

점원: 아······. 그 영화는 이번에 애니메이션 대상도 받았던데요. 이야. 엄마 아빠가 좋은 걸 보여주었네. 아이가 정말 부럽네요.

점원이 아이와 영화를 보고 온 부부에게 계속 화제를 던져 화기애애하게 몇 마디 오갈 수 있었다. 이후 부부는 테이블에 앉아 주문한 음료가 나오길 기다린다. 음료가 나오고 점원이 음료를 테이블로 가져간다. 부부가 음료를 마시며 담소를 나눈다. 그때 아이가 칭얼거리기 시작한다. 몇 없던 카페 손님들은 인상을 찌푸리고, 부부는 민망해 하며 음료를 반도 마시지 못하고 일어서려 한다.

점원: 손님, 아직 음료가 많이 남으셨는데요.

남편: 아니, 아이가 너무 시끄러워서 민폐일까 봐······. 죄송합니다.

점원: 아닙니다. 아이가 많이 피곤했나 봐요. 꼬마아가씨. 이렇게 예쁜 아이가 엄마 아빠한테 음료수 천천히 마실 시간은 줘야죠. 저. 이 쿠폰 받으세요. 오늘 음료를 다 드시지 못하셨으니 다음번에 아이가 기분이 좋은 날 한 번 더 오셔서 천천히 머물고 가세요. 그때는 아이에게도 저희 가게 주스 맛을 꼭 보여주고 싶네요! 또 오세요!

이상은 음료 서비스 외에는 딱히 말을 나누기 어려울 것 같은 카페 안. 게다가 칭얼대는 아이 때문에 급히 자리를 뜨는 손님을 상대로 나눈 대화입니다. 하지만 그런 상황에서는 그 상황에 맞게 말을 할 기회가 생깁니다. 찾아온 아이 손님을 배려하는 모습, 또 부부 손님을 민망하게 하지 않고 적극적으로 재방문해 달라고 요청하면서 단골을 확보하는 과정이었습니다.

우연히, 돌발적으로 발생하는 기회를 놓치지 마세요. 기회는 생각보다 훨씬 많습니다. 정형화되어 있는 서비스업이라고 해서 기회가 없는 것이 절대 아닙니다. 오히려 의외의 순간에 던진 한마디의 칭찬이 손님의 감성을 확실하게 터치할 수 있습니다.

심플 감성칭찬 예문 모음

상황에 따른 간단한 칭찬 한마디입니다. 어떤 상황에 어떤 칭찬이 가능한지 미리 알아두면 그 상황에 이르러 자연스럽게 칭찬이 나올 수 있겠지요. 손님에게는 누구나 칭찬할 만한 부분이 있습니다. 또한, 손님과의 상담은 처음부터 끝까지 모두 감성칭찬을 할 기회라는 것을 확인하실 수 있을 것입니다.

고객과의 첫 대면

> ▶ 이렇게 예쁜 분이 저희 매장에 오신 건 처음이네요.
>
> ▶ 어서 오세요. 손님 덕분에 저희 매장이 한층 밝아진 것 같습니다.
>
> ▶ 처음 뵈었는데도 낯설지가 않네요. 혹시 연예인 ○○○ 닮았다는 말씀 자주 듣지 않으세요?

단골이 방문했을 때

> ▶ 역시 손님께서는 저희 카페 커피 맛을 확실히 알아주시네요.
>
> ▶ 이번에 새로 나온 상품을 찾아오셨군요. 손님은 역시 정보에 빠르십니다.
>
> ▶ 저번 거래 때 만족하셨다고요? 그야 모두 고객님께서 현명하고 배려심이 넘치시기 때문이죠.
>
> ▶ 저번에 구매하신 상품은 어떠셨나요? 저 역시 고객님의 품격에 꼭 어울린다고 생각했습니다.

고객의 구매 의욕을 불러일으키고자 할 때

▶ 손님은 음식을 정말 먹음직스럽게 드시네요. 손님이 드시면 뭐든 맛있어 보여요.

▶ 고객님은 척 보기에도 스포츠 체질이세요. 분명 성능이 좋은 러닝화가 따로 필요하실 것 같습니다.

▶ 고객님이라면 이 상품을 최신상품보다 훨씬 훌륭히 사용하실 수 있을 것입니다.

▶ 이 스카프는 디자이너가 고객님을 위해 맞춤형으로 만든 것 같네요!

고객이 다른 상품에 관심을 보일 때

▶ 천천히 고르세요. 고객님의 판단이 가장 중요하지요.

▶ A 상품과 B 상품 모두 관심이 가신다고요? 고객님처럼 수준 높으시고 관심사 다양하신 분에게는 당연한 일이지요. 그렇다면 여기 두 상품의 기능을 종합한 C 상품은 어떠십니까?

고객이 매장을 떠날 때

▶ 고객님과 상담할 수 있어 제게도 아주 유익한 시간이었습니다.

▶ 고객님 같은 분을 또 모실 수 있다면 영광이겠습니다.

▶ 역시 우리 집 상품은 고객님께 가장 잘 어울립니다. 고객님 취향의 디자인이 나오면 바로 알려드리겠습니다.

▶ 고객님은 기다려지는 분이십니다. 다음에 또 뵙기를 빌겠습니다.

▶ 다음에 뵐 날이 기다려집니다. 고객님과 만나면 그날 종일 일이

잘 풀리거든요.

나이 많은 여성 고객을 상대할 때

나이보다 젊고 매력적이라는 점을 강조한다

▶ 정말 젊어 보이십니다. 도저히 말씀하신 나이로는 안 보이세요.

▶ 피부에 주름이요? 제 눈엔 매우 탄력 있는 피부로만 보이세요.

▶ 고객님 뒷모습만 보면 몸매가 20대 같으세요.

연륜을 아름다움과 연결해 칭찬한다

▶ 제가 만난 고객님들 중 가장 우아하십니다.

▶ 역시 품위 있으십니다.

▶ 저도 나중에 사모님만큼 멋진 여성이 될 수 있다면 원이 없을 것 같아요.

나이 많은 남성 고객을 상대할 때

짧은 문구와 감탄사를 적절히 활용한다

▶ 역시!

▶ 이야…….

▶ 완벽합니다!

남성도 인상과 외모 칭찬에 신경을 쓴다

▶ 체격이 좋으신데요.

▶ 전보다 더 혈색이 좋으십니다.

> ▶ 그 머리 스타일 정말 핸섬해 보이십니다.

> ▶ 정장이 정말 잘 어울리십니다.

> ▶ 품격이 느껴집니다.

연륜이 있는 남성에게는 관록이 느껴진다는 말을 추가하는 것이 좋다

> ▶ 고객님은 언제나 여유가 넘치십니다.

> ▶ 상대를 휘어잡는 카리스마가 있으신 것 같습니다.

> ▶ 관록이 넘치십니다.

젊은 고객을 상대할 때

유행을 선도할 수 있다는 점을 강조한다

> ▶ 이야. 역시 고객님께는 한 시즌 앞선 제품이 잘 어울리세요.

> ▶ 역시 20대라서 그런지 제품 설명서 습득 속도가 빠르십니다.

> ▶ 이런 패션은 고객님처럼 풋풋한 20대 초반 아가씨만이 소화할 수 있지요.

유명 인사와 비교한다

> ▶ 이번에 개봉한 ○○ 영화에 나오는 배우 □□□랑 꼭 닮으셨네요.

> ▶ 이야. 가수 △△△씨도 한다는 그 스포츠를 하신다고요? 역시 남다르십니다.

두 번째 강의 감성터치법 – 감성터치로 고정고객을 확보하라 

미성년 고객을 상대할 때

부모에게는 다른 아이에 비해 당신의 아이가 어떻게 우월한지 칭찬한다

▶ 아드님이 일곱 살 답지 않게 정말 의젓한데요.

▶ ㅁㅁ는 초등학생이라고는 믿을 수 없을 만큼 말을 조리 있게 잘 하는데요. 장래에 아나운서도 할 수 있을 것 같아요.

▶ ㅇㅇ는 서양 아이들처럼 코가 오뚝하네요.

▶ 요즘 아이들은 주로 게임을 하던데, ㅇㅇ는 항상 책을 읽네요. 역시 부모님이 교육자셔서인지 아이도 다른 아이들과 다른 것 같아요.

어린이 고객을 직접 상대할 때에는 격려하면서 바른 행동을 유도한다

▶ 배운 걸 바로 복습하네. 정말 부지런하구나.

▶ ㅇㅇ는 정말 명랑해서 볼 때마다 나도 기운이 난단다.

▶ 오늘도 씩씩하구나. 인사성도 정말 바르네.

▶ ㅁㅁ는 항상 동생들을 먼저 챙기는구나. 우리 딸도 ㅁㅁ같으면 정말 좋겠네.

성격이 급한 고객을 상대할 때

▶ 고객님은 결정이 시원시원하세요.

▶ 고객님은 고객님에게 필요한 물건을 정말 빨리 찾아내십니다.

▶ 네. 제가 바로 그 말씀을 드리려 했습니다. 역시 고객님은 제 요지를 바로 파악하시네요.

  감성설득 고객의 마음을 사로잡는 감성칭찬 화법

신중한 고객을 상대할 때

▶ 괜찮습니다. 고객님. 고객님께서 신중히 선택해주시기 때문에 저역시 고객님께 더 좋은 서비스를 제공할 수 있는 걸요.

▶ 고객님께는 저희 제품 설명을 천천히 모두 드릴 수 있을 것 같습니다. 꼼꼼히 따져보고 결정하세요.

▶ 네, 고객님. 다시 한 번 보여드리겠습니다. 이렇게 저희 제품에관심 보여주셔서 감사합니다.

이 외에도 다양한 고객에 맞추어 무궁무진하게 칭찬 문구를 만들 수 있습니다. 중요한 것은 처음 말씀드렸듯이 어떤 고객과 어떤 만남을 가지든 칭찬 포인트는 반드시 생긴다는 것입니다.

어떤 고객이든 칭찬할 수 있다!
고객은 누구나 칭찬받기를 원한다!
아무리 시간이 촉박하더라도 칭찬을 중간에 끊는 고객은 없다!

이 세 가지를 반드시 기억하세요. 감성칭찬의 달인이 되는 데에는 '나의 기본적 자세'를 바꾸는 것이 가장 중요합니다.

세 번째 강의

고객관심유도법 - 무관심한 고객！
관심유도 감성칭찬법으로 승부하라

세 번째 강의: 고객관심유도법
무관심한 고객!
관심유도 감성칭찬법으로 승부하라

강사 **송감찬**   수강생 **오한탄**

오한탄(30세) 씨는 이제 막 보험업계에 뛰어든 새내기 보험컨설턴트다. 보험 상담이라는 것이 결코 쉬운 일이 아니라는 것은 익히 알고 있었기에, 웬만한 일에는 실망하지 말자고 스스로 여러 번 다짐했다. 그런데 실제로 일을 시작하고 보니 보험업계는 생각보다 훨씬 어려운 곳이었다. 상담이 어려운 일이라고 생각했지 처음부터 '상담을 할 기회'조차 없을 줄은 몰랐던 것이다. 가까운 지인이나 친척마저도 그의 보험 상담을 들으려 하지 않았다. 최근에는 10년을 친구로 지내온 대학 동기에게까지 퇴짜를 맞았다.

이렇게 무관심한 고객들에게 어떻게 다가가야 할까? 나에게는 보험 영업이 맞지 않는 것일까? 일찌감치 다른 일을 알아봐야 하나? 오한탄 씨는 미래를 두고 고민하기 시작했다.

감성설득 고객의 마음을 사로잡는 감성칭찬 화법

오한탄: 저는 이제 보험컨설턴트 일을 시작한 지 두어 달 되었습니다. 그런데 겨우 두 달 해놓고 우는소리 하는 것 같아 민망하지만……. 이 일을 계속 해야 할지 모르겠어요. 오늘 상담을 들어보고 이 일을 계속 할지 말지 결정하려고 합니다.

송감찬: 어떤 일이든 새로 시작할 때는 가장 고민이 많은 법입니다. 어디 한 번 무슨 고민이신지 털어놔 보세요.

오한탄: 저는 원래 친구와 작은 가게를 하다가 얼마 버티지 못하고 보험 일을 시작했습니다. 아는 선배를 돕다가 시작했는데……. 실적 쌓기가 쉽지 않다는 얘기는 귀에 딱지가 앉도록 들어서 처음부터 각오하고 있었습니다. 역시나 지난 두 달간 실적은 형편없었고요. 하지만 제가 일을 그만둘까 고민하는 이유는 제 실적이 나빠서가 아닙니다.

송감찬: 실적이 나쁜 게 일을 그만두고 싶은 이유가 아니라니 그럼 대체 무엇이 오한탄 씨의 기를 꺾는 거죠?

오한탄: 무시요. 고객이 아예 제 상담을 들으려고 하지도 않아요.

송감찬: 오한탄 씨가 직면한 문제는 다른 경우보다 좀 더 복합적인 성격을 띠고 있는 것 같군요.

오한탄: 가격경쟁력이니 수수료니 하는 것들은 고객과 상담을 진행한 이후의 이야기입니다. 하지만 제 경우에는 아예 운을 띄울 기회조차 잡지 못하고 있죠. 요즘 세상에 보험 하나 안 들어놓은 사람 있을까요? 사실상 이제 신규 고객이란 건 없는 것과 마찬가지입니다. 보험컨설턴트가 찾아가기만 하면 '저 보험 들었어요'라고 문전박대해버린단 말이죠. 내가 무슨 사이비 종교 전도사도 아니고…….

송감찬: 하하. 많이 억울하셨던 모양입니다.

오한탄: 솔직히 이렇게 자존심 상할 줄은 몰랐습니다. 보험 영업은 지인이 8할이라고 하길래 저도 지인들 위주로 영업을 해봤습니다. 그런데 그게 더 큰 상처가 된 것입니다.

송감찬: 더 큰 상처가 되었다고 하시면?

오한탄: 처음엔 이제 막 대리 직함을 단 사촌 형을 찾아갔어요. 그 형이라면 자기가 보험에 들진 않더라도 자기 주변인을 고객으로 추천해 줄 거라고 기대했습니다. 하지만 형은 이미 형수가 추천한 보험컨설턴트에게 기본적인 보험은 다 들어놓은데다가 '야, 나 이제 보험 얘기라면 지긋

지긋해. 여기까지 왔으니 밥이나 먹고 가라' 이러는 것입니다.

송감찬: 친한 관계이기 때문에 오히려 상담이 막힌 경우로군요.

오한탄: 그렇죠. 그 형에게 꼭 필요한 운전자 보험을 추천하려고 준비를 많이 했는데. 다 물거품이 돼버렸죠. 그리고 어제는 대학교 시절부터 10년 넘게 친하게 지낸 친구를 찾아갔습니다. 그런데 이 친구란 놈은 형보다 더했어요. '너 보험 때문에 왔어?' 하더니 '보험 권하려고 왔으면 가라'라고 하는 것입니다. '오랜만이다, 앉아라' 인사말조차 없었어요.

송감찬: 많이 섭섭하셨겠습니다.

오한탄: 어제 그런 일을 당하고 나니 정말 이 일을 계속 해야 할지 회의감이 밀려옵니다.

송감찬: 그럼 지인이 아닌 고객을 상대할 때는 어떠십니까?

오한탄: 역시 제 상담을 들으려고도 하지 않는 건 마찬가지입니다. 30명의 리스트 중 간신히 한 명과 만나게 되어 상담을 진행했는데 건성으로 듣고 있다는 게 다 티가 나더라고요. 그렇지만 고객에게 따질 수도 없고 ……. 저는 가격경쟁 얘기를 할 수 있는 단계에 있는 분들이 그저 부러울 뿐입니다. 그건 적어도 고객이 상담 의지는 갖추고 있다는 뜻이잖아요?

송감찬: 그렇지요. 그건 일단 상담이 진행된 이후의 이야기지요.

오한탄: 저는 구매 의지 이전에 고객이 상담에 관심을 두게 하는 방법에서부터 막히고 있으니……. 그래서 제가 보험 영업을 그만두려고까지 마음을 먹은 것입니다.

송감찬: 하지만 오한탄 씨. 이 업계에서 떠나겠다 마음을 먹기 전에 제가 한 가지 묻겠습니다. 오한탄 씨는 보험 상담을 할 때 어떤 기분이십니까? 상담하는 일이 즐거우신가요?

오한탄: 벽에 대고 얘기하는 게 재미있을 리가 있겠습니까?

송감찬: 그럼 오한탄 씨는 상담 중 몇 번 웃으시나요?

오한탄: 보험 상담을 하면서 웃을 일도 있나요? 예능 프로그램도 아닌데……. 거의 웃어본 적 없는 것 같은데요.

송감찬: 이야기하는 사람조차 즐거워하지 않는 이야기를 듣는 사람이 즐겁게 듣기를 기대하는 건 어불성설 아닐까요? 정말 보험 영업이라는 건 웃을 일 없는, 재미없는 일이라 생각하십니까? 하지만 구매하는 고객에게마저 그렇게 느껴진다면 세일즈는 시작도 못합니다.

오한탄: 역시 그만 두는 게…….

송감찬: 아뇨, 아뇨. 너무 급하게 생각하지 마시구요. 자, 제가 고객의 눈과 귀를 꽉 붙잡을 수 있는 관심유도법을 알려드리겠습니다. 이 방법만 잘 쓴다면 고객의 흥미를 유발하는 건 물론, 계약을 취소하려는 고객이탈도 막을 수 있답니다.

송감찬의 클리어 진단. 관심 없는 고객에게 칭찬을 제공하라

송감찬: '재미'라는 것은 어떤 특정한 일을 할 때만 느껴지는 것이 아닙니다. 우리는 평소 수많은 재미있는 일들을 겪고, 또 자신의 삶에서 재미를 찾고 있지요. 사람은 재미를 추구하게 되어 있는 존재입니다.

오한탄: 그건 그렇지요. 아무 흥미도 느끼지 못하는 일에는 능률도 나지 않으니까요. 하지만 너무 일반론적인 이야기 아닌가요?

송감찬: 일반론적이든 아니든, 사람은 아주 조금이라도 더 재미있게 이야기하는 쪽으로 귀를 기울이게 되어 있습니다. 그것은 비즈니스 업계 상담에도 마찬가지로 적용됩니다.

오한탄: 네? 이게 상담에도 적용된다는 겁니까?

 세 번째 강의 고객관심유도법 – 무관심한 고객! 관심유도 감성칭찬법으로 승부하라 

송감찬: 그렇습니다. 자, 여기에다가 중요한 상담 조건 하나만 더 추가해 보겠습니다. 그것은 바로 고객이 지루함을 느끼는 상담이 되면 결코 안 된다는 조건입니다.

상담이나 강의는 아무리 내용이 유익하다 하더라도 재미나 흥미가 떨어지면 지루함을 느끼게 됩니다. 지루함이 지속하면 고객은 집중력을 잃고 상담이 빨리 끝나기만을 바라게 되죠. 파트너 없이 혼자 시소를 타는 기분이라고나 할까요?

오한탄: 하지만 보험 상담처럼 지루하고 복잡한 상담은 어떻게 해야 합니까? 제가 코미디언도 아닌데 계속 고객을 웃겨 드릴 수도 없고. 게다가 보험 상담에서 유머가 그렇게 중요할까요? 전 상담을 진행하면서 유머가 필요하다고 느껴보지 못했습니다.

송감찬: 어떻게든 설득을 해야 하는 을의 입장에서는 상담에서 전혀 지루함을 느끼지 못합니다. 아니 계약이 왔다 갔다 하는 긴장된 상황에 지루함을 느낄 겨를이 있을까요? 더군다나 이번 기회를 놓친다면 또다시 기회가 없을지도 모르는데 얼마나 진땀이 나겠습니까?

오한탄: 네. 정말 그래요. 저도 상담할 때면 정신이 없습니다.

송감찬: 하지만 그렇게 길고 복잡한 상담이기 때문에 고객에게는 더 유머가 필요한 것입니다. 고객의 입장은 오한탄 씨와는 완전히 다릅니다.

그렇게 '절박할' 이유가 없으니까요.

오한탄: 굳이 지금 저를 통해서가 아니라도 보험 상담은 언제든 할 수 있다는 말인가요?

송감찬: 네, 맞아요. 을은 갑을 바라만 봐도 재미와 흥미를 느끼겠지만 갑의 입장은 전혀 그렇지 않습니다.

고객이 먼저 관심을 이쪽에 두고 있게 해야 그다음 설득이 가능하다는 거지요. 시소는 오르내림을 적절히 반복해야 타는 맛이 나지요? 상담 또한 고객의 재미와 흥미를 적절히 북돋아 줄 필요가 있습니다. 즉, 설득은 이 관계를 역전해야 한다는 것입니다. 고객도 나를 보는 것만으로도 흥미를 느낄 수 있도록 만들어야 한다는 것이지요.

오한탄: 말씀은 이해가 갑니다. 그야 저라도 보험상담원에게 잘 모르는 보험 상담을 받으라고 하면 지루할 테니까요. 하지만 어떻게 고객의 눈과 귀를 저에게만 집중시킬 수 있겠어요? 저는 코미디언도 아닌데요.

송감찬: 물론 우리는 코미디언이 아닙니다. 그리고 우리가 하는 설득에 코미디언 정도의 유머와 센스가 필요한 것도 아닙니다. 코미디언은 관중 전부를 웃겨야 하지만 우리는 고객 한 사람이 '들을 맛이 나는' 상담만 하면 되거든요.

 세 번째 강의 고객관심유도법 – 무관심한 고객! 관심유도 감성칭찬법으로 승부하라 

오한탄: 하지만 그게 말처럼 쉬운 게 아닌데요.

송감찬: 그렇게 어렵다고만 생각하기 때문에 대부분의 세일즈맨이 수동적인 사람이 되고 맙니다. 말재주가 뛰어난 사람은 그저 상담을 진행하는 것만으로 고객을 즐겁게 할 수 있습니다. 하지만 말재주가 없는 사람은 어떻게 할까요?

'난 말재주가 없으니, 성심성의껏 제품 설명만 하겠어. 그럼 고객이 내 성실함을 알아줄 거야.'

이렇게 생각한다고 해서 고객이 알아줄까요? 천만의 말씀입니다. 이런 사람은 흥미 제공에 대해서는 전혀 관심을 끊은 체 상품 설명에만 온 힘을 다 씁니다. 이런 모습은 고객에게 이렇게 비치지요.

'재미없어도 참으세요! 나는 판매가 목적일 뿐 당신의 재미나 흥미에는 관심이 없답니다. 그러니까 나를 힘들게 하지 말고 내 설명을 듣고 나면 무조건 사겠다고 하세요. 나는 계약을 위해 당신을 만난 것뿐이랍니다.'

오한탄: 확실히 고객이 그렇게 생각한다고 느낀 적이 있긴 합니다. 그러면 어떻게 해야 좋을까요?

송감찬: 오한탄 씨. 얼마나 흥미를 느끼느냐가 '고객의 구매 결정 조건 중의 하나'라면 어떻게 하시겠습니까? 그래도 방법이 없다고 손을 놓으실 건가요?

오한탄: 제가 그럴 마음이었으면 이 상담자리에 오지도 않았을 것입니다.

송감찬: 상담을 할 때에는 상품만 강조해서는 안 됩니다. 상품의 옵션만 설명하는 건 물품 뒤에 숨는 것입니다. 사람이 보이지 않는데 갑이 '반드시 이 을에게서 물건을 사야겠다'라고 생각할 리가 있겠습니까?

오한탄: 그럼 대체 어떻게 해야 고객의 흥미를 끌 수 있다는 건가요? 방법을 이야기해 주세요.

송감찬: 바로 고객을 상담의 주인공으로 만드는 것입니다! 생각해 보면 당연한 일입니다. 우리가 가장 흥미를 느끼는 이야기가 뭔가요? 바로 우리 자신의 이야기지요. 소설이나 드라마, 연극이 재미있는 건 이야기가 흥미롭고 궁금하기 때문만이 아닙니다. 우리가 그 이야기에 몰입해서 주인공을 나라고 상상하기 때문입니다.

그렇다면 판매에서는 어떨까요? 오한탄 씨, 비즈니스 상담의 주인공이 상품입니까? 아니면 을입니까? 바로 고객이 주인공이 되어야 합니다. 그리고 갑으로 하여금 그렇게 느껴지도록 해야 합니다.

오한탄: 고객을 주인공으로…….

송감찬: 절대 이 법칙을 잊지 마세요.

주인공은 고객이다. 상품은 고객이 쓰는 도구, 설득하는 나는 고객을 띄워주는 조명일 뿐이다.

오한탄: 반드시 적어두고 기억하겠습니다.

송감찬: 상품 위주의 설명은 상품이 주인공이 되는 것입니다. 이런 설명 방식은 고객의 힘을 빼놓죠. 상품 역시 주인공을 위해 존재하는 들러리로 만들어야 합니다. 유능한 조연으로서 주인공을 주인공답게 만드는 역할이 을이 해야 할 중대한 미션입니다. 사람은 남의 일이라고 생각되면, 아무리 훌륭한 이야기라도 흥미가 떨어지기 마련이랍니다.

상품을 소개할 때에는 반드시 이 두 가지에 중점을 맞춰 설명하도록 합시다.

첫째, 이 상품이 고객의 니즈에 어떻게 부합하는가?
둘째, 이 상품을 선택한 고객이 얼마나 훌륭한가?

같은 상품 설명도 이 두 가지에 초점을 맞추느냐 맞추지 않느냐에 따라 완전히 달라집니다. 설명할 때마다 한 번씩 꼭 '고객님이 이 제품을

 감성설득 고객의 마음을 사로잡는 감성칭찬 화법

사용하신다면'이라는 가정을 붙이세요. 마치 그 제품을 사용한다고 상상하도록 주문을 거는 거죠.

오한탄: 이것만 명심하면 저의 문제가 해결될까요?

송감찬: 한 가지 더 명심해야 할 것이 있습니다. 고객을 띄워주면서 동시에 상담의 주도권은 오한탄 씨가 쥐고 있어야 한다는 것입니다. 칭찬하다가 정작 중요한 지적을 하지 않고 넘어가면 나중에 반드시 문제가 생기게 되겠지요?

오한탄: 얼버무렸다가 나중에 욕만 먹고 계약 취소당한 적도 있습니다. 거의 계약 성사까지 갔었는데…….

송감찬: 우리가 열심히 칭찬하는 이유는 그만큼 상담을 원활하게 진행하기 위해서입니다. 그러기 위해서는 칭찬과 함께 중요한 정보 전달을 해야 하겠지요. 그것이 제대로 이어지지 않으면 그야말로 칭찬기술이 도리어 발목을 잡는 상황에 처하게 되는 것입니다. 반드시 상담의 주도권을 잡으세요. 고객님이 잘못된 정보를 가지고 있거나 잘못된 판단을 하려고 할 때에는 반드시 제지해야 합니다.

오한탄: 하지만 고객이 본인의 의사를 굽힐 수 없다고 자기 뜻대로 하겠다고 우기면 어떻게 합니까? 그렇게 우겨서 저도 어쩔 수 없이 그 의

사를 존중한 거고요.

송감찬: 혹시라도 '고객님이 직접 고른 상품이니까 나중에 딴말 하시면 안 됩니다' 이런 마음을 가지고 판매하고 있다면, 이것은 불완전한 세일즈입니다.

다시 비유하면 상품은 수돗물입니다. 그리고 판매자는 정수기입니다. 고객이 수돗물을 마시려고 합니다. '당신이 우겨서 마시는 수돗물이니 나중에 딴말 하면 안 됩니다'라고 속으로 생각하면서 그냥 마시게 한다면 오한탄 씨는 그 자리에 있을 이유도 자격도 없는 것입니다.

오한탄: 정수기라……. 뼈가 있는 비유네요.

송감찬: 나중에 고객이 '설령 내가 수돗물을 마시겠다고 우겨도 당신이 어떻게든 말렸어야지, 내가 우겼다고 그냥 마시게 했다는 것이 말이 돼? 당신은 도대체 뭐 하는 사람이야? 어떻게든 물건만 팔면 된다는 심보야? 이 괘씸한 친구야'라고 나온다면 어떻게 할 건가요?

오한탄: 그럴 때는 방법이 없죠.

송감찬: '고객이 모르는 것을 아는 체한 것이 죄가 아니라 판매자가 제대로 알려 주지 않은 것이 죄'가 되는 것이 세일즈세계의 진리입니다. 고객을 옆에서 거들라는 말은 수동적으로 따르라는 말이 아니라 좋은 길,

 감성설득 고객의 마음을 사로잡는 감성칭찬 화법

바른길로 갈 수 있도록 안내하라는 뜻입니다.

오한탄: 고객을 주인공으로, 그러나 주도권은 내가……. 어떤 자세여야 하는지 알겠습니다. 하지만 좀 더 실천적인 방법은 없을까요?

송감찬: 네. 오한탄 씨가 적극적으로 응해주시니 좋군요. 그렇다면 좀 더 구체적으로, 어떻게 해야 고객들의 집중을 유도할 수 있는지 알아봅시다.

고객을 집중하게 하는 방법 역시 감성칭찬으로 가능합니다. 먼저 상담 방법에 따라 감성칭찬을 유용하게 사용하는 사례들을 알아볼까요? FC들의 상담 방법은 크게 두 가지로 나누어 볼 수 있습니다.

T/A(Telephone Approach; 전화로 방문약속잡기)
직접 면대면 상담

관심유도 감성칭찬법에서는 이 두 가지 상담 방법을 통해 가장 효과적으로 고객을 모을 수 있는 방법을 각각 설명해 드리겠습니다.

 세 번째 강의 고객관심유도법 – 무관심한 고객! 관심유도 감성칭찬법으로 승부하라 

관심유도 감성칭찬법 1
고객이 귀를 기울이게 하는
T/A용 감성칭찬

판매 상담은 고객뿐 아니라 판매자에게도 부담스러운 과정입니다. 눈앞에 있는 고객의 주의를 잡기도 어려운데, 전화를 통한 T/A 설득은 말할 것도 없겠지요. 전화 상담이 면대면 상담보다 몇 배 더 어렵다는 사실은 어느 FC라도 알고 있는 사실입니다.

수많은 보험회사는 성공적인 T/A를 위한 다양한 화법을 개발하고 교육하고 있습니다. 그러나 애석하게도 공들인 노력에 비해 효과는 저조합니다. 왜 이런 악순환이 반복되는 걸까요? 그건 바로 '감성칭찬'을 받고 싶은 고객의 본질을 염두에 두지 않고 만들었기 때문입니다.

감성칭찬은 모든 비즈니스 과정에서 빠질 수 없는 필수요소입니다. 특히 T/A에서 감성칭찬이 담당하는 역할은 상상을 초월할 정도로 절대

　　　　　　　　　　　감성설득 고객의 마음을 사로잡는 감성칭찬 화법

적이고 막강합니다. 그럼 이제부터 어떻게 하면 T/A를 효율적으로 할 수 있는지, 그리고 T/A에서 어떻게 감성칭찬을 이용할 수 있는지 알아보겠습니다.

긴 설명은 면대면 상담에서 하고 전화 상담에서는 여운을 남겨라

전화 상담으로는 상품의 옵션도, 서비스도 전부 설명할 수 없습니다. 전화로 고객을 설득하려고 하는 분들은 열심히 제품에 관해 설명하시지만, 고객 중 그 설명을 다 듣는 사람은 많지 않아요.

설명조차 다 하지 못했는데 전화가 끊어지는 경우가 부지기수입니다. 실컷 설명한 후에도 별 효과 없이 고객이 전화를 끊어버리면 그만이고요. 그런데도 부지런히 상품에 대해 처음부터 끝까지 다 설명하는 것은 부질없는 노력 낭비이죠.

> ▶ 이 제품은 고객님께서 직접 보셨을 때 진가를 발휘합니다.
> ▶ 이 서비스야말로 고객님이 바라시던 바로 그 상품입니다.

눈에 보이는 TV 광고도 설명을 절대 길게 하지는 않는다는 것을 기억하세요. 눈에 보이지 않는 상황에서 짧지만 여운과 기대를 살짝 남길 수 있는 T/A 화법만이 성공률을 높일 수 있습니다. 제품 설명 열 마디보다 고객의 호기심을 자극할 두세 마디가 훨씬 효과적임을 기억하세요.

부담 주기는 절대 금물

　여러분에게도 마찬가지겠지만 고객에게도 전화 상담은 상당히 부담스럽습니다. 전화기 너머의 사람은 '정체불명'이라고 생각되기 때문이죠. 고객이 전화를 되도록 빨리 끊으려 하는 것도 이런 부담감 때문입니다.

　충분히 신뢰할 수 있을 만큼 판매자의 소속을 설명해도 고객이 품은 불신과 부담감은 쉽게 사라지지 않습니다. 그러니 '내가 성실히 상담하면 고객이 나를 신뢰해줄 것이다'라는 막연한 기대는 버리도록 합시다. 대신 확실하게 고객에게 '부담스러워하지 말 것을' 말씀드리는 편이 낫습니다.

　아래 모범 사례로 예시를 보여드리겠습니다.

T/A 관심유도법 모범 사례

• **상황:** 기존 고객에게 새 고객을 소개받은 FC가 새 고객 후보에게 전화를 걸었다.

김 FC: 안녕하세요? 저는 ○○ 보험의 김ㅁㅁ FC입니다. 친구분이신 △△△ 고객님의 소개로 선생님께 전화 드리게 되었습니다. 혹시 △△△ 고객님으로부터 제가 전화 드릴 것이라는 연락은 받으셨는지요?

가망 고객: 아, 예……. 전화를 받기는 받았습니다만 지금 당장 보험 가입을 생각하고 있지는 않습니다.

김 FC: △△△ 고객님께서 이 상품이 선생님께 딱 맞을 거라고 말씀하시던데요. 하지만 아무리 막역한 친구 사이라 하더라도 선생님의 사정을 다 알 수는 없겠지요. 그럼에도 불구하고 △△△님께서 제게 선생님을 소개해 주신 건 두 분의 두터운 우정 때문이라고 생각됩니다.

가망 고객: 그게 무슨 얘깁니까?

김 FC: △△△ 고객님께서 꼭 전화로 먼저 상담하라고 하시더군요. 그건 혹시 상품이 필요 없다고 판단되실 경우 선생님이 부담 없이 상담을 멈출 수 있도록 배려하신 것 아니겠습니까? 제 설명을 들어 보시고 만약 필요한 상품이라면 가입하시면 되고, 필요 없는 상품이라고 생각되면 전화를 끊으시면 됩니다. 선생님께서 조금도 부담을 가지실 필요는 없는 것이지요.

가망 고객: 보험에 대해서 잘 모르기도 하고, 또 친구가 소개해 줬는데 설명을 듣고 나서 가입을 안 한다면 솔직히 좀 껄끄럽잖아요?

김 FC: 선생님 역시 친구분을 많이 생각하시는군요. 두 분의 우정

이 무척 보기 좋습니다. 하지만 정말 부담 느끼시지 않아도 됩니다. 그 부분에 대해서는 제가 이미 △△△님에게 충분히 주의를 들었습니다.

가망 고객: 그러시다면야…….

간략히 보험 상품에 관해 설명한다.

여러분은 고객에게 새 고객을 소개받으면 훨씬 수월히 상담이 진행될 것이라 기대합니다. 대개의 경우에는 그 기대가 들어맞습니다. 하지만 이 고객처럼 '친구가 소개해 주었다'는 것을 오히려 '구매에 대한 의무감'으로 느끼고 부담스러워하는 사람도 있습니다.

여기에서 FC가 그냥 넘어가지 않고 그 친구와의 우정과 신뢰를 들어 상담에 대한 부담감을 줄였는데요. 이렇게 직접 '부담가질 필요가 없음'을 상기시킴으로써 고객을 훨씬 적극적으로 면대면 상담으로 이끌 수 있습니다.

고객이 망설이는 바로 그 점을 칭찬하라!

되도록 빠르게, 부담을 느끼지 않도록 하는 것이 T/A에서 고객이 관심과 흥미를 유지하게 하는 핵심입니다. 하지만 그렇게 해도 여전히 망

 감성설득 고객의 마음을 사로잡는 감성칭찬 화법

설이는 고객은 망설이지요. 이런 고객을 어떻게 상대해야 할까요? 고객의 망설임을 그냥 무시하고 상담을 진행해야 할까요? 아닙니다. 오히려 고객이 망설이는 바로 그 성향을 칭찬하는 것이 해답입니다. 다시 한 번 모범 사례를 보시겠습니다.

T/A 관심유도법 모범 사례

가망 고객: 말씀을 듣고 보니 저한테 필요한 상품일 것 같긴 한데……. 전화상으로는 정확히 인지하기 어렵네요.

김 FC: 그럼 제가 직접 찾아뵙고 설명해 드리겠습니다. 분명 후회하지 않으실 겁니다.

가망 고객: 그랬다가 제가 거절하면 김 FC 님이 너무 손해 보시는 거 아닙니까?

김 FC: 과연 선생님은 △△△님 말씀대로 시군요. 배려심이 많으시고 신중하시고……. 역시 친구끼리는 닮는다는 얘기가 맞는 것 같습니다. △△△님도 절대 말씀을 함부로 하는 타입이 아니시잖습니까?

가망 고객: 그 친구가 매사 진지하죠.

대화의 후반부에서 칭찬을 이용해 상대와 약속을 잡는 과정입니다. 망설이는 고객에게 '배려심이 많다', '신중하다'라고 그 망설임을 칭찬해 주었습니다. 그리고 자연스럽게 면대면 상담 약속으로 대화를 진행했지요.

설명은 간단하게, 칭찬은 과감하게. 개인적인 칭찬을 무기로 상담을 진행해 나가면 어떤 고객의 귀도 마음도 붙잡을 수 있습니다. 감성칭찬은 그야말로 가장 강력한 T/A 성공화법입니다.

관심유도 감성칭찬법 2
고객의 시선을 끄는
면대면 감성터치 상담법

보험 상담은 별 관심 없는 고객을 만나서 관심을 끌어내 계약까지 이루어내는 가장 어려운 영업 분야 중 하나입니다. 따라서 고객의 관심과 집중을 이끌어내는 능력이나 기술이 가장 필요한 설득 분야이기도 합니다. 특히 상담 초기, 5분에서 10분 이내에 고객을 보험 설명을 들을만한 마음의 상태로 만들어 놓는 것이 가장 중요한 기술입니다.

만나자마자 서로 어색한 분위기 때문에 보험 설명을 곧바로 시작해서 설명만 쭈욱 하는 FC가 대부분입니다. 하지만 그 상담 대부분이 실패로 끝나고 말지요. 이 역시 면대면 상담의 특수성을 잘 살리지 못하기 때문입니다.

그렇다면 면대면 상담의 가장 중요한 특징은? 역시 '직접 보며' 상담을

진행한다는 것이겠지요. 그렇기 때문에 '비주얼적(보이는) 요소'가 굉장히 중요합니다. 고객의 눈에 내가 어떻게 보이는지가 고객이 나에게 무엇을 보여주는지가 그것입니다. 그야말로 눈에 보이는 것은 모두 놓치지 않고 활용하도록 합시다.

그럼 이전의 사례와 연결해서 면대면 상담을 수월하게 이끄는 감성칭찬법을 알아보겠습니다.

첫인사는 무조건 밝은 얼굴로!

어떤 만남에서나 첫인상의 중요함은 말로 다할 수 없습니다. 비즈니스 관계에서도 첫인상은 이후 모든 상담을 지배합니다. 고객에게 밝고, 친근하고, 배려심 있는 세일즈맨으로 기억될 수 있다면 더없이 좋겠지요.

면대면 상담 모범 사례

- **상황**: FC가 전화로 약속을 잡은 새 고객에게 방문 상담을 한다.

김 FC: 선생님! 안녕하세요. 이렇게 시간내어 주셔서 감사합니다. 일전에 전화 드린 김ㅁㅁ FC입니다. (밝게, 기쁜 얼굴로 반갑게 인사)

가망 고객: 예에, 어서 오세요. ㅇㅇㅇ입니다. 이리로 앉으시죠.

      감성설득 고객의 마음을 사로잡는 감성칭찬 화법

처음 눈이 마주치는 순간 환하게 웃도록 합시다. 고객과의 상담이 정
말 기대된다는 것을 표정으로 보여주는 것입니다. 설령 고객이 상담을
부정적으로 생각하는 표정이나 행동을 보이더라도 웃는 낯을 한 상대에
게는 단번에 거절의 말을 하기 어렵습니다. 밝은 얼굴로 설득 성공의 기
회를 잡으세요.

눈에 보이는 것을 칭찬하라

이제 상담을 시작하게 되면 여러분은 주변을 잘 살펴야 합니다. 고객의
주변 환경 중 고객과 나란히 함께 볼 수 있는 것을 가리키며 칭찬을 하는
것입니다. 이것이 어떤 효과가 있는지 다음 사례로 살펴보시겠습니다.

가망 고객: 저에 관해 이야기를 많이 들으셨다고요? 어떤 이야기를 들으셨나요?

김 FC: 선생님은 친구들 사이에서도 우정과 의리가 깊은 분이라는 말을 귀에 못 박이도록 들었습니다. 하하. 그리고 딸바보라는 말씀도…….

가망 고객: 친구들 사이의 우정과 신뢰는 나보다도 △△△ 그 친구가 더 좋고요. 잘리지 않으려면 열심히 일해야 하니까 열심히 하는 거고요. 딸바보라는 말은……. 맞네요. 다른 아빠들도 다 그렇겠지만 저도 제 딸이 예뻐 죽겠어요.

김 FC: 아, 여기 책상 위에 가족사진도 있네요. 사모님과 아드님, 그리고 여기 막내따님이네요. 야아, 따님이 눈에 띄게 예쁜데요. 지금도 이 정도인데 좀 더 크면 선생님 정말 걱정되시겠어요.

가망 고객: 무슨 걱정이요?

김 FC: 따님이 이렇게 예쁜데 남자가 한두 명만 쫓아다니겠습니까? 그거 신경 쓰시려면 선생님 머리 좀 빠지시겠습니다.

   감성설득 고객의 마음을 사로잡는 감성칭찬 화법

분위기 이완시키기는 잘못하면 독이 되고, 어색하게 하면 상담을 더 어렵게 만듭니다. 반드시 감성칭찬으로 고객의 마음을 열어야 본격적인 상담 진행이 가능함을 명심하기 바랍니다.

비교/대조 칭찬 화술을 적극적으로 사용하라

칭찬 화술 중에서도 비교/대조는 고객의 만족감을 충분히 올려줄 수 있는 기술입니다. 눈에 보이는 차이를 비교해서 보여줌으로써 고객에게 우월감을 느끼게 하는 것이지요.

다음 실전 사례로 자세히 살펴보시겠습니다.

면대면 상담 모범 사례

- **상황:** 겸양을 보이는 고객에게 비교/대조 칭찬 화법으로 다시 한 번 칭찬한다.

가망 고객: 제 딸이 예쁘장하긴 하죠. 하지만 요즘 예쁜 애들이 한둘입니까?

김 FC: TV에 나오는 연예인들 보시니까 그렇게 생각하시는 거죠. 막상 길거리에 나가 보면 이렇게 예쁜 아이가 흔하지는 않습니다.

  세 번째 강의 고객관심유도법 – 무관심한 고객! 관심유도 감성칭찬법으로 승부하라

따님이 특히 눈이 예쁜데, 눈은 사모님을 많이 닮은 것 같네요.

가망 고객: 다행히도 아이들이 나 말고 엄마를 닮아서 외모는 괜찮은 것 같아요.

김 FC: 아닙니다, 여기 따님의 이마나 볼은 아빠를 많이 닮았어요. 이 이마가 둥글고 넓은 걸요.

가망 고객: 하하. 그건 저를 닮긴 했죠.

김 FC: 시간도 많지 않으실 텐데 제가 단란한 가족사진을 보다 보니 본의 아니게 선생님의 시간을 많이 빼앗았네요. 그래서 일단 제가 소개해 드리고자 하는 보험 상품에 대해서 먼저 간략하게 설명하겠습니다. 오늘 제가 선생님께 설명해 드릴 보험상품은 △△△님도 가입하신 ○○상품입니다. 이 상품은 가장이 더는 일을 할 수 없게 되었을 때, 아내와 아이들에게 미칠 최악의 상황을 대비하고자 만들어졌습니다. 선생님께서 더 잘 아시다시피 △△△님도 자녀들 사랑이라면 끔찍하시잖아요?

가망 고객: 가족 사랑이 나보다도 더하면 더했지 못할 사람이 아니죠.

김 FC: 아마도 △△△님이 선생님을 소개해 주신 이유가 그 때문인 것 같습니다. 부인과 아드님, 따님에 대한 선생님의 사랑이 얼마큼 큰지 잘 아시기 때문이겠지요.

가망 고객: 한 번 설명해 주시죠. 우리 가정에 꼭 필요한 상품이라면 생각해 보는 것도 나쁘지 않겠지요.

김 FC: 예쁜 따님을 위해서라도 선생님께서 잘 이해하실 수 있도록 저도 최선을 다해서 설명해 보겠습니다. 분명 이 상품이 따님과 아드님의 미래에도 많은 도움이 될 것입니다. 이 상품은…….

여기에서 말하는 것이 단순한 '칭찬 나열'이 아니라는 건 지금까지의 설명으로 충분히 짐작하실 것입니다. 위 예문을 다시 잘 봐주시기 바랍니다. 딸이 예쁘다는 칭찬은 흔히 할 수 있는 것이죠. 고객도 그 정도 칭찬은 인사치레로 생각하고 크게 신경 쓰지 않을 것입니다. 하지만 '길에서 볼 수 있는 여자아이들보다 예쁘다', '사모님을 닮아 눈이 예쁘다'라는 말은 어떤가요?

고객의 자부심을 세워줌과 동시에 구체적으로 칭찬받는 부분이 어디인지를 고객이 칭찬을 들으며 이미지화할 수 있게 합니다. 이렇게 함으로써 여러분은 다른 사람들과 달리 내 딸과 아내의 아름다움을 알아보는, 즉 이런 딸과 아내를 둔 특별한 나를 인정해준 '특별한 을'이 될 수 있는 것입니다.

 세 번째 강의 고객관심유도법 – 무관심한 고객! 관심유도 감성칭찬법으로 승부하라 

꽃 한 송이를 놓고 예쁘다고는 쉽게 할 수 있는 말입니다. 하지만 이 꽃에 비해 저 꽃이 더 예쁘다거나, 저 꽃이 이 꽃만큼 예쁘다는 건 어떨까요? 이것만으로 단순히 '예쁘다'는 말보다 확실히 업그레이드된 칭찬으로 변합니다.

보험 상담과 같이 전달해야 하는 정보량이 많은 상담에는 새로이 칭찬하거나 과장된 표현을 끼워 넣기가 쉽지 않지요. 이제는 간단한 방법, '비교/대조'를 통해서 여러분의 칭찬을 고객의 귀에 꽂히도록 확실히 전달하세요.

 감성설득 고객의 마음을 사로잡는 감성칭찬 화법

관심유도 감성칭찬법 3
꺼진 관심도 다시 살리자.
계약철회 고객을 붙잡는 칭찬 유도법

과연 계약이 성사되고 고객이 구매를 끝낸 것으로 여러분의 설득이 완성되었다고 확신할 수 있을까요? 판매해본 사람이라면 누구나 이것이 끝이 아니라는 것을 잘 아실 것입니다. 진짜 계약 성사는 '계약 취소'를 막아냈을 때 완성되는 것이지요. 손님이 가게에 들어와서 물건을 사갔다고 해서 끝이 아닙니다. '환불'을 막아야 실적이 지켜지는 것입니다.

그렇다면 무턱대고 '환불 금지'라고 우기는 것이 능사일까요? 아니지요. 특히 보험계약과 같이 일정 기간 내에 고객이 취소할 수 있는 분야는 계약이 성사되었다 하더라도 이후 고객 관리가 무척 중요합니다. 가망 고객 유치도 문제지만 그 고객들의 계약을 유지하는 것도 큰일이죠. 그렇다면 어떻게 계약 취소를 막을 수 있을까요? 고객이 계약을 취소하는 가장 큰 이유를 알아봅시다.

내 상품보다 더 좋은 상품이 나타났을 때

→ 상품을 보는 고객의 안목을 칭찬

구매 후에 다른 경쟁자로부터 더 좋은 계약 조건을 받은 경우를 가정해 볼까요? 여러분으로부터 수치이익만 받았던 고객이라면 계약을 유지해야 할 이유가 한순간에 사라져 버린 것이겠죠. 고객은 한 치의 망설임도 없이 즉각 계약을 취소합니다. 판매했던 여러분이 그 어떤 말을 하여도 고객은 들으려 하지도 않습니다. 왜일까요? 갑에게는 을을 배려해야 할 이유나 명분이 없기 때문입니다.

그러나 감성이익을 느끼게 해 준 을에게는 계약 취소에 대해 이유를 말해 줍니다. 즉, 한 번 더 기회를 주는 거지요. 왜냐하면, 자신을 알아준 을에게 일방적으로 계약 취소를 통보만 한다는 게 커다란 심적 부담감으로 작용하기 때문이지요.

모범 답안

- **상황:** 더 많이 팔린 브랜드의 핸드백을 사겠다는 고객에게
- ▶ 고객님은 역시 안목이 높으시네요. 말씀하신 제품도 좋은 상품입니다. 하지만 고객님, 고객님처럼 격조 있는 취향을 가지신 분은 대중과는 다른 만족감을 원하실 텐데요. 제가 보기엔 저희 핸드백이야말로 고객님의 취향을 만족하게 해드릴 수 있을 것 같습니다.

    감성설득 고객의 마음을 사로잡는 감성칭찬 화법

• **상황:** 가격 차이 때문에 다른 보험회사와 계약하려는 고객에게

▶ 고객님, 알뜰한 선택이십니다. 매달 내야 하는 보험료가 부담스러우신 것도 당연하지요. 하지만 자세히 보시면 보험료 대비 서비스야말로 저희 회사 상품이 고객님의 알뜰한 성격에 딱 맞는다는 게 보이실 거예요.

고객은 계약 취소에 관해 애기하면서 여러분이 마음속으로 화를 낼 거라 예상하고 있습니다. 그때 웃으며 한 번 더 다가가는 것입니다. 그리고 자연스럽게 계약 취소 결정을 재고해 보도록 만드는 것이지요.

약간의 여유를 두고 생각할 시간을 주면 고객은 여러분의 제안에 다시 한 번 어느 쪽과 계약할지 고민합니다. 냉정하게 계약을 취소하는 것이 아니라 여러분에게 다시 자신을 설득할 기회를 주는 것입니다.

실로 엄청난 기회 아닙니까? **과거 같으면 무참히 깨지고 끝났을 계약인데 다시 한 번 더 기회가 주어지는 것입니다.** 그것도 그냥 기회가 주어지는 것이 아니라 고객이 자발적으로 주는 기회입니다. 그러니 여러분, **반드시 감성칭찬으로 고객에게 어필하세요.** 그저 수치이익만을 제공한 경쟁자 그 이상이 되어야 합니다.

지인 경쟁자를 막는 법

→ 이미 했던 칭찬의 좋은 점만 모아 한 번 더 활용

전투에 실패(계약 실패)한 을은 용서해도, 경계에 실패(계약 취소)한 을은 용서받을 수 없습니다.

그다음은 고객이 지인 관계에 있는 또 다른 을로부터 잘못된 계약이라는 언질을 받았을 경우입니다. 세일즈는 경쟁이기 때문에 경쟁자의 공격은 자연스러운 행위입니다. 이런 경우, 공격 형태는 판매자와 판매자가 판매한 상품에 대한 험담과 비평이 주를 이룹니다. 하지만 상대가 네거티브로 나온다고 해서 여러분도 네거티브로 맞선다면 고객이 여러분을 다시 선택하고 싶어질까요?

여러분은 상품의 장점을 다시 한 번 조목조목 얘기하시되 절대로 험담이나 비판을 삼가시고 끝까지 감성이익에 승부를 걸어야 합니다. 여기에서 추천해 드릴 방법은 '**칭찬 복습**'입니다.

그 고객에게 말했던 칭찬들을 모두 모아서 한 번 더 칭찬하면 승부는 쉽게 기웁니다. 이때 어떻게 하면 고객의 이탈을 막을 수 있는지 모범적인 답을 보여드리겠습니다.

> ▶ 그분(지인)보다 제가 더 불리한 점은 제가 고객님의 지인이 아니라는 점 한 가지뿐입니다. 고객님은 훌륭하신 분입니다. 이런 분

이렇게 해 보세요. 고객은 '이 계약은 당신 것이다'라고 그 자리에서 곧바로 인정해 줄 것입니다. 다시 한 번 말하지만 판매가 끝났다고 설득이 성공한 게 아닙니다. 판매 취소까지 방어해야만 이 성공이 여러분의 것이 되는 것입니다. 얼마나 힘들게 성사시킨 계약입니까! 지켜내세요.

고객이 계약에 대한 확신이 약해지는 이유는 '구매자의 후회(buyers' remorse)' 때문입니다. 자신이 상품에 대해 잘 알지도 못하면서 충동구매를 한 것 같은 기분이 들면서 계약에 대한 확신이 급격하게 사그라지는 것입니다.

확신이 약해진 고객은 대부분 다시 여러분에게 전화하거나 방문을 하게 되어 있습니다. 확신은 약해졌지만 계약 취소까지는 망설여지는 상태인 거죠. 구매 후 갈등이 발생하는 고객은 최종 판단을 내리기에 앞서서 판매자의 진정성을 다시 한 번 생각해 보게 되어 있습니다.

이때 진심을 담은 칭찬과 함께 상품의 장점을 다시 들려준다면 고객

은 '그래, 내가 잠시 흔들렸던 거야. 저 친구 말을 듣자'라는 마음을 가질 가능성이 큽니다. 결국, 이 문제의 해결 역시 고객이 감성이익을 얼마나 느꼈느냐에 따라서 운명이 바뀝니다.

결론적으로, **'감성이익의 크기 = 진정성의 크기'**라는 공식이 성립합니다. 왜냐고요? 감성이익 또한 판매자가 준 커다란 서비스이니까요.

칭찬에도 유머감각이 필요하다

칭찬에도 여러 단계, 여러 종류가 있습니다. 살짝 돌려 하는 칭찬, 직접하는 경탄, 비유와 예시를 들어 하는 칭찬 등 여러 가지 칭찬 기술이 있죠. 여러분은 어떤 칭찬 스타일을 선호하십니까? 어떻게 칭찬하는 것이 여러분의 상담과 가장 잘 어울릴 것 같나요?

우리는 가능한 한 많은 고객을 상대하고자 합니다. 즉, 그만큼 취향이 다른 고객을 많이 만날수록 성공하는 것입니다. 그러니 칭찬 스타일도 다양하게 구비해 놓는 것이 좋겠지요. 여기서 어떤 고객에게나 통용될 수 있는 칭찬 팁 하나를 소개합니다. 바로 '유머감각을 살려 칭찬하기'입니다.

고객의 코드에 맞게 칭찬하라

앞서 말씀드렸듯이 유머는 '코드'에 맞지 않으면 소용이 없습니다. '난 그 농담은 별로 재미없어', '난 그 프로그램 나올 때는 딴짓 해'라고 생각하게 된다면 무용지물이겠죠.

칭찬에 유머를 섞을 때에도 코드를 맞춰야 합니다. 나이가 지긋하고 우아한 고객에게 지저분한 유머, 성적으로 자극적인 유머를 사용하는 건 절대 금물입니다. 이런 분들에게는 고전을 인용하거나 예전에 유행했던 프로그램을 언급하는 게 낫겠지요. 반대로 10대 고객, 20대 고객에게 아침 주부 프로그램에 나오는 유머를 사용해도 통하지 않을 것입니다. 센스 없는 사람이라는 평가만 듣게 됩니다.

기본적으로 칭찬을 마다하는 사람은 없습니다. 아무리 성격 급한 사람이라도 자신에 대한 칭찬은 전부 듣고 가게 마련입니다. 여기에 고객의 취향을 잘 반영한 멋진 유머로 칭찬해 보십시오.

간단한 칭찬에 유머를 곁들여라

앞서서 간단한 칭찬 몇 가지를 소개해 드렸습니다. 하지만 너무 밋밋하다거나 좀 더 차별화된 칭찬을 해주고 싶다는 열의를 느끼는 분들이 있을 것입니다. 그런 분들은 간단한 칭찬에라도 유머감각을 활용해 보도록 하세요.

두 번째 방식으로 해보는 건 어떨까요? 간접적이면서도 특별한 분위기가 배가 될 것입니다.

최신 유행어를 적절히 사용하라

유머는 신선해야 합니다. 최신 유행어를 적절히 사용하는 것도 좋습니다. 이때에는 너무 과장되지 않게, 적재적소에 한두 단어 정도를 곁들여 주는 것이 적절합니다. 유머감각이 지나쳐 '칭찬 문구'에만 신경 쓰면 이 또한 상품 설명과 주객전도가 되니까요. 어디까지나 칭찬의 중심은 고객, 고객이 즐겁게 받아들일 수 있는 만큼씩 나누어 칭찬하는 것도 중요한 센스이겠지요.

고객에게 웃음 포인트를 주세요. 칭찬을 주고받으며 웃다 보면 자연스럽게 고객은 여러분의 단골이 되어 있을 것입니다. 조금 첨가한 향신료가 요리의 풍미를 살려주듯 적절한 유머감각은 칭찬 화술을 훨씬 효과적으로 만들어 줍니다.

유행어를 사용한 칭찬 사례 1

- △△△님께서 선생님을 제게 소개해 주신 걸 보니 두 분의 우정이 엄청 **으~리~ 으~리~** 합니다. 정말 부러운걸요. (방송인 김보성의 유행어 '으~리~(의리)'를 인용한 칭찬)

유행어를 사용한 칭찬 사례 2

- 고객님의 피부가 정말 남다르세요. 희고 맑고 투명하고. 게다가 광채까지! 김희애도 울고 갈 **물광**피부를 가지셨어요. ('물광': 물기를 머금은 듯 촉촉해 보이는 피부를 표현하는 말로 배우 김희애의 피부가 대표적이다)

유행어를 사용한 칭찬 사례 3

- 고객님. 지금 입고 있는 원피스도 정말 잘 어울리세요. 오늘 날씨와 고객님 메이크업 톤과도 아주 적절한 것이 역시 **느낌 아시는** 고객님은 패션도 남다르세요. 이 옷은 어떤가요? (개그우먼 김지민의 유행어 '느낌 아니까'를 인용한 칭찬)

유행어를 사용한 칭찬 사례 4

- 고객님. **잠시만요~ 사진 한 장 찍고 가실게요**. 오늘 메이크업이 너무 완벽하세요. 저희 미용실에서는 완벽하다고 생각되는 고객의 사진을 스크랩으로 남겨두는 데 고객님도 남겨놓고 싶어요. 사진 한 장 찍어도 될까요? (개그우먼 박은영의 유행어 '잠시만요, ○○하고 가실게요'를 인용한 칭찬)

    감성설득 고객의 마음을 사로잡는 감성칭찬 화법

네 번째 강의

감성소개설득법 - 고객이 고객을 부르게 하라

네 번째 강의: 감성소개설득법
고객이 고객을 부르게 하라

강사 송감찬

수강생 나 사장

나원구(46세) 씨는 시장 입구 큰길에서 중간 정도 크기의 가전제품매장을 운영하고 있다. 매장의 크기도 중간, 매출도 중간. 그럭저럭 가게를 유지한 지 벌써 11년째. 단골도 모을 만큼 모았고 이 동네에서는 꽤 뿌리를 박았다고 자부하고 있었다.

그런데 어느 날 길 건너편에 날벼락처럼 경쟁 매장이 나타난 것이다. 매일 세일 이벤트를 하는 화려한 새 매장의 출현으로 나원구 씨의 가게에는 손님이 뚝 끊기고 말았다. 앞으로 꼼짝없이 문제의 가게와 동네 고객을 나누어야 하는 상황인데…… 나원구 씨의 가게 매출을 어떻게 늘릴 수 있을까?

나 사장: 저는 지금 동네 시장 입구에서 그럭저럭 전자제품매장을 운영하고 있습니다. 그런데 요즘 저희 가게 바로 앞에 경쟁사 매장이 보란 듯이 들어왔지 뭡니까!

송감찬: 이런. 손해가 이만저만이 아니시겠군요.

나 사장: 이제 막 개업한 가게에서 하루가 다르게 개장 세일을 해대니. 덕분에 제 가게까지 울며 겨자 먹기로 가격을 낮추고 있어요. 그런데도 손님은 줄기만 합니다.

송감찬: 정말 답답한 상황이군요.

나 사장: 지금 마음 같아서는 건너편 가게가 문을 닫길 바랄 뿐이지만 고객들이 쉼 없이 줄줄 들어가는 걸 보니 조만간 문 닫을 일은 절대 없을 것 같습니다.

송감찬: 오히려 건너편에 있는 경쟁 매장에서는 사장님의 매장이 하루 빨리 문 닫기를 기다리고 있을 것입니다.

나 사장: 허허, 그렇겠지요. 직접 얘기해 주시니 저도 터놓고 얘기하겠습니다. 내가 두 손 놓고 앉아서 경쟁 매장이 문 닫기만을 기다린 건 아닙니다! 잠을 잘 때나 눈을 뜨고 있을 때나 오로지 이 상황을 벗어날 방법만 연구했어요.

송감찬: 해결방법이 있었습니까?

나 사장: 아뇨, 어쩌겠습니까? 상대는 신규 매장인 데다가 작정하고 공격적으로 가격경쟁을 하고 있는데요. 제 가게의 주 고객은 시장 주변 동네 사람들입니다. 고객 수를 다 합쳐도 고만고만한데, 그걸 앞으로 반으로 나누게 생겼으니…….

송감찬: '고객을 반으로 나눈다' 라. 어째서 반으로 나눈다고 생각하십니까?

나 사장: 가전제품 파는 가게가 둘이 되었으니 앞으로 잘해봤자 반으로 나누게 되지 않겠습니까. 저쪽은 신규 매장이니까요. 가전제품은 '최신일수록' 좋다는 이미지가 있는데 제 가게는 매장부터 오래되었잖아요. 가게를 새로 단장해보려고 하고 있지만 당장은 자금이 부족해서……. 한동안은 어려울 것 같습니다.

송감찬: 지금 사장님께서 받아들이셔야 할 현실은 '해결의 문이여, 열

려라 참깨!'를 간절하게 외칠 때가 아니라 경쟁 매장과의 경쟁에서 반드시 이길 수 있는 '해결책'을 찾아내야 한다는 사실입니다.

나 사장: 하지만 새 매장이 눈앞에 있는 한, 우리 매장에 올 고객이 새 매장으로 가는 게 당연하지 않습니까.

송감찬: 나 사장님께서는 '해결책도, 방법도 없었다'라고 말씀하셨습니다. 하지만 해결책이 있다면 어떠세요? 그것도 나 사장님이 그토록 고민하시는 고객, 바로 그 고객에게 해결책이 있다면 말입니다. 새 경쟁 매장이 생겼다는 현실 조건은 바꾸기 어렵지요. 하지만 나를 그 위기에서 벗어나지 못하게 하는 것은 '그 현실을 당연한 것'이라 치부해 버리는 나 자신 아닐까요?

송감찬의 클리어 진단. 고객을 소개자로 만들어 새 고객을 유치하라

송감찬: 판매 활동은 업종을 불문하고 결국 고객 확보와 고객 유지 두 가지로 축약된다고 할 수 있습니다. 둘 중 어느 것도 쉽지 않지요. 그 와중에 경쟁자가 눈앞에 나타나 공격적인 마케팅을 펼치면 이건 확실히 위기겠지요.

나 사장: 제 말이 그 말입니다. 내 가게 하나도 간신히 운영하는데 가게

 네 번째 강의 감성소개설득법 – 고객이 고객을 부르게 하라 

둘이 어떻게 그 고객을 나눠 가지느냐고요.

송감찬: 네. 고객 입장에서는 매장이 두 개 생겼으니 선택 기회가 많아 졌다고 할 수 있겠지요. 하지만 고객의 선택의 기회가 늘어난 것이, 곧 고객이 경쟁 매장만 선택한다는 법칙이 되는 것은 아닙니다.

나 사장: 네? 그게 무슨 말씀이십니까?

송감찬: 사장님. 만약 경쟁 매장보다 고객을 더 확보함과 동시에 그 고 객들을 단골로 만들 수 있다면 어떠시겠습니까?

나 사장: 지금 제 상황에 그런 꿈같은 일이 가능하다는 말씀이신가요?

송감찬: 사장님께서는 '상식적이고 합당한 근거'에 의해 이미 매출 감소 를 당연하게 받아들이고 있습니다. 하지만 매출 감소를 마음속으로 인 정해버린 사장님께 진짜 '해결책'이 안 보인 건 아닐까요? 이대로 상황 에 끌려가는 것만이 답일까요?

나 사장: 건너편 가게가 문을 닫는 거 말고 해결책이 있을 수 있나요?

송감찬: 해결책은 밖보다는 내 안에 있을 때가 더 많습니다. 지금 이 위 기를 오히려 나 사장님의 매장 매출이 한걸음 더 발전할 기회로 사용하

 감성설득 고객의 마음을 사로잡는 감성칭찬 화법

시는 것입니다. 물론 그를 위해서는 철저한 개선이 필요하겠지만요.

나 사장: 제 어떤 점을 개선해야 합니까? 가게 리모델링 같은 걸 말씀하시는 거라면, 이미 말씀드렸듯 단기간 내에는 어렵습니다.

송감찬: 자, 무엇이 문제인지부터 파악하셔야지요. 물론 문제 인식이라는 게 쉽지만은 않습니다. 어떤 경우에는 문제 자체를 인식하지 못하기도 합니다. 통증이 없다고 암을 내버려두는 게 이런 경우지요.
하지만 어떤 경우에는 문제의 진짜 원인은 내버려둔 채, 잘못된 처방만 고집하는 경우도 있습니다. 암에 걸린 곳은 간인데 폐를 수술하는 경우입니다. 지금 나 사장님 처럼요. 무턱대고 리모델링을 하고 세일을 하는 게 능사가 아닙니다. 문제의 해결은 바로 고객을 어떻게 활용하느냐에 있습니다.

나 사장: 네? 고객이요? 제 고객을 빼앗아 가는 건 건너편 가게인데 어떻게 고객을 활용한다는 거지요?

송감찬: 지금은 상대 매장보다 결정적인 메리트를 확보하는 데 집중하셔야 합니다. 고객을 잘만 활용하면 나 사장님은 경쟁에서 얼마든지 우위를 점할 수 있습니다.

나 사장: 이거 정말 기대되네요. 작전 지시를 내려주시죠!

　　네 번째 강의 감성소개설득법 – 고객이 고객을 부르게 하라 

송감찬: 좋습니다. 제 조언은 간단합니다. '고객을 단순한 고객으로 남겨두지 마라. 소개자로 만들어라'입니다.

나 사장: 고객을 소개자로요? 고객에게 소개를 받으라는 이야기인가요?

송감찬: 나 사장님. 가게를 운영하시면서 어느 정도 단골도 확보하셨겠지요?

나 사장: 그렇죠. 가전제품이니 매일 저녁 시장 보듯 오는 건 아니지만, 그래도 제품을 교체해야 할 때면 저희 가게로 오는 분들이 있지요.

송감찬: 그분들과 그저 거래만 하고 보내드리셨나요? 아니면 그분들께서 다른 고객을 데려오시거나, 추천해주신 적은 없는지요.

나 사장: 그야 가끔, 어쩌다 우연히……. 하지만 모든 고객이 다 그렇게 고마운 분들인 건 아니잖아요?

송감찬: 어쩌다 우연히? 아닙니다. 그분들은 나 사장님에게서 분명한 감성이익을 받고, 그에 대한 보답으로 기꺼이 소개자가 되신 것입니다. 나 사장님이 그분들에게 감성이익을 준 건 우연일지도 모르겠지만요. 하지만 나 사장님이 우연이 아니라 매번 감성이익을 제대로 주실 수 있다면 오시는 고객 모두가 소개자가 되실 것입니다.

나 사장: 허어……. 그럴 수만 있다면야 내 얼마든지 감성이익 드리지요.

송감찬: 좋은 자세이십니다. 이래서 신규 매장보다 '기존 고객'이 많으신 나 사장님이 유리하다고 말씀드린 것입니다.

고객을 소개자로 만드는 감성칭찬법 1
'친근함'이 몸에 배면
소개받을 기회가 늘어난다

어떤 상품을 판매하든 비즈니스 설득에서 가장 기본이 되는 것은 '친절한 태도'입니다. 우리는 심지어 작은 카페나 패스트푸드점의 아르바이트 점원을 상대할 때도 상대가 불친절하면 '이 가게는 점원 교육을 어떻게 하는 거야'라고 불평을 말하곤 하지요. '친절'은 모든 판매의 기본입니다. 하지만 '친절'만으로는 결코 실적을 올릴 수 없습니다.

그래서 다른 경쟁자들보다 갑에게 좀 더 어필하려면 '친근함'이 필요합니다. 그렇다면 무엇을 어떻게 해야 친근한 사람이 될 수 있을까요? 친근함은 '자연스러움'을 기반으로 해야 합니다. 누군가 내게 억지로 친근하게 대하려 하는 것만큼 부자연스럽고 마음 안 가는 상황이 어디 있을까요? 반대로 내가 누군가를 자연스럽게 '친근하게' 인식하게 될 때에는 조금 눈에 안 차는 일이 있어도 쉽게 넘어가게 되지요. 때문에 친근

     감성설득 고객의 마음을 사로잡는 감성칭찬 화법

함에는 진정성도 기반으로 해야 합니다.

그럼 제가 지금부터 여러분을 도와드릴 습관 6가지를 알려드리겠습니다.

'친근한 사람'이 되는 6가지 습관

■ 대화 전 10초의 '기쁨 충전' 시간을 가져라

사람은 대화의 첫마디에서 상대에 대해 많은 정보를 알아챕니다. 또한, 정보를 가지고 그 사람의 이후 언행에 관해서도 판단하지요. 간단히 말해 찡그린 얼굴로 인사할 때와 환하게 웃는 얼굴로 인사할 때 그 후 그 사람에 대한 판단이 완전히 달라진다는 것입니다.

갑을 만나기 전부터 마인드컨트롤을 시작해야 할 필요가 있습니다. 컨트롤 시간은 길게 잡지 않아도 됩니다. 언제 고객과 상담을 해야 할지 모르는데 그때마다 긴 명상 시간을 가질 수는 없겠지요? 고객과의 상담 자리에 앉기 전 10초만 투자하도록 하세요. 눈을 감고 '좋은 일', '즐거운 일'에 대해 반복적으로 생각해 봅시다. 아주 즉흥적으로 '오만원을 주웠다, 오만원을 주웠다'라는 식이라도 좋습니다.

무엇을 생각하든 여러분의 기분이 기쁨으로 가득 차게 할 수 있도록 하시면 됩니다. 여기에서 한 가지 방법을 더 드리자면, 여러분의 기쁜

생각을 곧 고객과 연관 지을 수 있도록 하세요.

- 나는 내 딸을 떠올리면 기쁘다. 이번 고객에게도 나와 같이 어린 딸
  이 있다고 한다. 분명 고객과 나는 공통분모가 있을 것이다. 고객에
  게 내가 필요한 부분이 있을 것이다.
- 오만원을 줍는다면 기쁠 것이다. 이번 고객과의 거래가 잘 성사되면
  아마 오십만원 이상 이익을 얻게 될 것이다. 이건 오만원을 열 번 줍
  는 것과 마찬가지 일이다. 그러니 고객을 기쁘게 맞자.

여러분의 마음에 기쁨이 가득 차면 그때 그 기분을 그대로 유지한 채
인사를 하세요. 혹시 쇼맨십, 보여주기 식이 아니냐는 반감 섞인 말을
하시는 분들도 있습니다. 그러나 이런 기쁜 얼굴을 짓는 행위도 고객에
대한 예우이자 서비스입니다.

■ 상대와의 간격 1 m를 지키자

사람은 각자가 '자신의 영역'이라고 생각하는 범위가 있고, 그 영역을
침범하게 되면 불쾌감을 느낀다고 하지요. 너무 좁은 교실이나 사무실
안에 있게 되면 사람들은 누구나 불쾌감과 불안감을 느끼기도 합니다.
세일즈할 때에도 누구를 만날 때에도 어느 정도의 거리는 의외로 중요
합니다. 우리가 어떤 말을 얼마나 가까이에서 또는 멀리에서 하느냐에
따라 전달자의 성의가 왜곡되거나 제대로 전달되지 않을 수 있습니다.

  감성설득 고객의 마음을 사로잡는 감성칭찬 화법

간절함이 너무 앞서 고객과의 거리를 지나치게 좁히면 고객은 반발심을 느낄 수 있습니다. 너무 재촉한다, 압박한다고 느낄지도 모르지요. 반대로 너무 멀리 떨어져 고객을 대한다면 고객은 당신이 고객에게 관심이 있다는 것을 눈치를 채지 못할 수도 있습니다. 매장 영업을 해보신 분들은 누구나 아실 것입니다. 고객에게 '적당한 거리에서 관심'을 '지속적'으로 주는 것이 얼마나 까다로운가를 말이지요.

그래서 제가 추천하는 고객과의 거리는 '1 m'입니다. 테이블을 보고 마주하는 상태에서는 테이블 너비에 따라 달라지겠습니다만, 장애물 없이 마주 본 상태에서라면 이 정도 거리를 유지하는 것이 적절합니다. 고객에게 여유를 주면서도 고객이 필요할 때에는 언제든 가까이 갈 수 있는 거리이지요. 이 외에도 상담 상황에 따라 달라질 테지만 언제든 명심하세요. 너무 조급하게도 너무 느슨하게도 안 된다. 고객은 '자신이 생각하는 데 방해가 되지 않으면서도 자신이 필요할 때에는 바로 달려오는' 을을 원한다는 것을요.

■ 나 자신의 벽부터 제거하라

'친근함'은 곧 편안함을 뜻합니다. 편한 대상에게는 일부러 벽을 세우지 않겠지요. 우리는 다른 이들에게 자연스럽게 친근하게 다가가는 사람들을 보면 무척 신기하게 여기기도 합니다. '저 사람은 어떻게 저렇게 사람과의 사이에 허물이 없을까' 하고 말이지요.

고객과의 상담에 있어 너무 가까이해서 좋을 건 없다고 생각하실지 모

   네 번째 강의 감성소개설득법 − 고객이 고객을 부르게 하라 

르겠습니다만, 벽을 두지 말라는 것이 곧 거리낌이 전혀 없는 친구 관계처럼 편히 대하라는 것은 아닙니다. '고객을 안심시키라'는 것입니다.

상담에 있어 긴장하는 건 여러분뿐만 아닙니다. 고객 역시 긴장합니다. 혹시 바가지나 덤터기를 쓰는 건 아닐지, 주문했다가 거절했을 때 불이익을 당하는 건 아닐지 등 때문에 걱정스러운 것이죠. 이런 긴장감 때문에 상담 의지를 꺾고 매장 바로 앞에서 망설이는 고객들이 무척 많습니다.

- 이 사람에게는 내 어떠한 사정을 이야기해도 자기 일처럼 이해하고 상담해 줄 것이다.
- 이 사람이라면 내가 좀 어설픈 모습을 보여도 바가지를 씌우려 하지는 않을 거야.

고객들이 상담할 때 이런 마인드가 된다면 상담은 훨씬 수월해질 것입니다. 그러니 고객들이 편하게 생각할 수 있도록 벽을 허무는 자세가 필요합니다.

■ 실패는 거기에서 끝, 다음 고객을 대할 때까지 실패를 곱씹지 마라

때로는 아무리 공들인 상담이라도 실패하는 경우가 종종 있습니다. 노력한 만큼 성과를 얻지 못하는 것이 몹시 우울한 일인 건 당연하죠. 하지만 우리가 이전의 실패 때문에 다음 기회까지 놓친다는 건 절대 있어서는 안 되는 일입니다.

 감성설득 고객의 마음을 사로잡는 감성칭찬 화법

이전 상담, 이 옆 테이블에서의 상담이 실패했더라도 새로운 상담자를 만날 때에는 그 이전 실패를 깨끗이 잊어버리도록 하세요. 이전 실패를 곱씹다 보면 여러분의 표정에 그 우울함이 반영됩니다.

을의 입장에서는 그날 상대한 여러 고객 중 한 명이지만 고객 입장에서는 처음 대하는 을이라는 것을 명심하세요. 이전 상담 실패가 이번 상담에까지 영향을 미친다면 고객의 입장에서는 손해가 아니겠습니까? 자기 자신은 이전 상담과는 아무 상관이 없는 사람인데 말입니다.

또한, 실패를 곱씹는 것은 같은 실패 상황을 반복하게 할 뿐 극복하게 하는 힘은 없습니다. 이전 상담에서 잘 안 풀렸던 원인을 분석해서 결론을 내린 후 그때 느꼈던 감정은 깨끗이 접어버리세요. 그리고 다시 기쁜 마음으로 고객을 대하는 것입니다.

■ 상대가 눈을 마주치려 할 때 피하지 마라

대화에 있어 또 한 가지 중요한 것이 시선입니다. 우리는 시선을 어느 방향으로 처리하느냐에 따라 많은 정보를 전달합니다. 당장 눈앞의 이 사람이 내게 관심이 있는지 없는지는 시선으로 확인할 수 있지요. 거짓말을 하는 사람이나 죄를 지은 사람이 주로 시선을 정면으로 마주치려 하지 않는 것과 비슷합니다.

그러므로 얼마나 진심이 담겨 있고 성의 있는 시선을 보내느냐에 따라 고객이 내 이야기를 얼마나 진지하게 듣는지가 결정됩니다. 그렇다고 해서 고객을 무조건 쳐다보는 것만이 답일까요? 앞에서 말씀드렸듯 '친

근함'의 가장 중요한 포인트는 '자연스러움'입니다. 사람의 시선이 한 곳에 계속 고정되어 있다면 그건 전혀 자연스럽지 못하겠죠?

상담할 때에는 자연스럽게 상대편을 보되 고객과 반드시 눈을 마주치고 있을 필요는 없습니다. 다만, 고객이 내 쪽을 쳐다볼 때는 시선을 돌려서는 안 됩니다. 자연스럽게 마주 보며 고객의 질문에 응하는 것이 중요합니다. 고객의 질문에 눈으로 답한다는 마음으로 고객의 안색을 살피며 상담을 진행하세요.

■ 손바닥을 펴 보이며 제시하라

상담을 하다 보면 많은 경우 여기저기를 가리키게 됩니다. 늘어놓은 가전제품 중 하나를 가리켜 보인다거나, 서류의 표 항목을 보여준다거나 하는 행위들 말이지요. 이때 보여주려고 하는 것을 어떻게 가리킬 것인가도 중요합니다. 손짓 같은 작은 제스처에도 고객에 대한 태도가 담겨 나올 수 있습니다.

예를 들어 '손가락질'은 명백히 상대에게 지시하는 자세입니다. '손가락질'을 하는 건 어떤 경우에도 절대 예의를 갖춘 태도는 아니지요. 섬세한 고객 중에는 자신을 함부로 대하는 것이라 느끼는 사람들도 있을 수 있습니다.

고객에게 뭔가를 안내할 때는 '손바닥을 고객 쪽으로' 내미는 것이 좋습니다. 고객에게 참여를 유도하면서 점잖게 권유하는 태도로 비칩니다. 뭔가 지시받을 때 '그냥 말로' 설명하는 것보다는 확실히 방향을 가

 감성설득 고객의 마음을 사로잡는 감성칭찬 화법

리키는 게 시선을 끌기 좋겠지요. 주목을 모으면서도 상대에게 '내가 당신을 중요하게 생각하고 배려하고 있다'는 느낌을 줄 수 있다면 이보다 더 좋을 수 있을까요?

고객에게 손바닥을 자주 보여주세요. 고객이 여러분의 손바닥이 향하는 쪽으로 시선을 모으도록 하세요. 상담이 훨씬 수월해질 것입니다.

작은 태도 하나만 바꾸어도 여러분에 대한 고객의 태도가 변합니다. 이렇게 '사소한 것들'이기에 상대방은 더욱 감동하는 것입니다. '이런 사람'이라면 믿고 맡길 수 있다는 신뢰 또한 생길 테지요.

한 번 '친근함'이 성립된다면 그 고객은 이제 여러분에게 항상 기쁨을 주는 든든한 고객으로 전환될 것입니다. 그리고 이 든든한 고객이 재구매 고객으로, 또 새 고객 유치 고객으로 진화하는 것입니다.

고객을 소개자로 만드는 감성칭찬법 2
재구매 고객과 새 고객을 유치하는
'소원 칭찬 화법'

고객이 누구를 위해 구매하는지부터 확인하라

우리는 흔히 매장을 찾아오는 고객을 대할 때 무슨 생각을 할까요? 가장 먼저 파악하는 것은 내 매장에 무슨 용무로 왔는가, 무엇을 사러 왔는가 입니다. 하지만 이는 '판매하는 사람'으로서는 당연한 자세이지만 고객이 바라는 자세는 아닙니다. 고객은 자신이 원하는 서비스가 충족되기를 바라고 있습니다. 이런 고객에게 '너는 내게 얼마나 물건을 사주러 왔느냐'라는 식의 태도를 노출한다면 정말 매력 없는 설득맨이라 하겠지요.

그렇다면 어떻게 해야 내 가게에 온 고객을 유치할 수 있을까요? 우선, 내일부터는 이 고객이 무엇을 사러 왔을까? 라는 생각을 지워 버리셔야 합니다. 고객이 누구와 왔는지, 더 나아가 누구를 위해 구매하는지 확인하세요.

- 세탁기 하나만 구매하려는 고객
- 시집가는 딸의 혼수를 위해 세탁기를 보려는 고객

이 두 고객의 잠재적인 구매 가능성의 차이가 느껴지십니까? 고객을 세탁기 한 대만 사려는 고객으로만 여긴다면 잘해봤자 세탁기 한 대만 팔고 끝입니다. 하지만 이렇게 고객의 목적, 그리고 고객과 함께 온 사람을 파악하게 되면 고객이 계획하지 않았던 상품도 얼마든지 판매할 수 있습니다.

일단 고객의 목적(시집가는 딸에게 장만해 보내는 혼수)을 알게 되면 화젯거리가 훨씬 늘어납니다. 자녀를 가진 부모 입장에서의 덕담, 결혼하는 자녀를 둔 친구들에게서 얻었던 정보, 을이 젊다면 결혼하는 자녀의 입장이 될 수도 있을 테고요.

이런 접근을 오지랖이라고 싫어할지도 모른다고요? 고객들은 오히려 을이 '자신도 짐작 못했던 필요'를 캐내서 찾아주길 바랍니다.

계약한 고객을 단골로 만드는 비법은 생각보다 쉽고 간단합니다. 지금까지 말했던 칭찬 중에서 핵심만 골라서 말씀을 하신 후 끝 부분에 '고객이 바라는 소원'만 첨부하면 됩니다.

감성칭찬 + 소원 첨가 모범 사례

▶ 손님들은 따님 결혼 선물로 냉장고를 사주려고 이곳에 오셨군요. 냉장고를 고르시면서도 마음속은 기쁨 반 아쉬움 반으로 만감이 교차하셨을 것입니다. 이런 부모님의 사랑을 따님도 가정을 꾸리며 알게 되실 겁니다. 그리고 새삼 감사하고 고마워하실 거예요.

▶ 제가 이 냉장고에 직접 식품을 채우지는 못하지만 자녀분께서 부디 행복한 결혼 생활하시길 바라는 마음을 가득 담아드리겠습니다.

'소원 첨가'의 좋은 점은 그저 고객에게 훈훈한 말을 건네는 것만이 아닙니다. 고객의 '이후 구매' 역시 이끌어낼 수 있다는 것입니다. 고객은 '딸의 행복한 앞날'을 위해 여러분의 매장에서 좋은 냉장고를 골랐습니다. 하지만 신혼집을 꾸미는 데 필요한 것이 어디 그것뿐일까요? 세탁기, TV, 청소기 등 여러 가지가 필요하겠지요. 그런 제품을 다른 매장에서 사게 할 필요가 있을까요?

여러분이 '따님의 행복한 결혼 생활'에 대해 한 번 더 '기원해준다면' 고객은 곧 그 기원에서 '자신에게 더 필요한 상품'이 무엇인지 찾아낼 것입니다. 오늘 여기에서 당장 추가 구매를 하지 않는다 해도 좋습니다. 앞으로 여러분이 해준 기원이 생각날 때마다 고객은 상품 구매를 염두에 둘 것입니다. 그리고 기왕이면 정보를 가지고 있는 여러분께 먼저 오게 되는 것이지요.

다른 경쟁 매장에서는 또 이런 서비스를 받을 수 있을지 불확실합니다. 하지만 다시 '자신의 소원'을 함께 기원해준 여러분의 매장에 온다면 지난번에 받은 것과 같은 서비스를 받을 수 있겠지요. 그 기대가 고객들을 여러분의 매장으로 발걸음하게 하는 원동력이 되는 것입니다.

현장 감성칭찬!

처음 온 고객도 확실히 잡는 감성칭찬_가족편

- **등장인물:** 프로골퍼 지망생 딸과 부모 (가족 3인)
- **장소:** 스포츠 의류 상설할인매장
- **상황:** 골프 의류 선택에 까다로운 딸, 쇼핑에 지친 부모가 처음 들러보는 매장에 우연히 방문한다.

매니저: 어서 오세요! 특별히 찾으시는 옷이 있으신가요?

엄마: 예에, 딸애가 운동할 때 입을 상의 좀 보려고요.

매니저: 아, 그러세요. 마침 신상품이 몇 개 있으니 안내 해 드릴게요. 옆에 계신 분이 따님이세요? 어머니 닮아 따님도 한 미모 하시네요. 그런데 따님 팔을 보니 많은 그을려 있으신데……. 혹시 따님께서 운동선수신가요?

엄마: 네. 프로 골퍼로 데뷔할 준비를 하고 있어요.

매니저: 어쩐지 들어오실 때부터 몸매가 남달리 건강해 보이고 늘씬하시다 했더니 프로 지망 선수셨군요. 잠깐만요 성은 씨, 여기 A4용지 한 장 하고 사인펜 하나 가져다줘요.

점원: 네? 어디에 쓰시려고요?

매니저: 미래의 프로골프선수에게 지금 미리 사인 받아 놓아야지. 저희가 스포츠 의류 취급하면서 많은 골프 지망생분들을 보는데, 따님은 체격부터가 딱 골프 선수에 맞으시는 것 같아요. 프로 경기에 출전하면 금방 성적도 쑥쑥 올리시고 세계 대회도 나가실 것 같은데요. 그런 유망주 손님이 찾아오셨는데 지금 사인 받아 두어야

　　　　　　　　　　　감성설득 고객의 마음을 사로잡는 감성칭찬 화법

죠. 참, 학생! 나중에 학생이 유명해지면 오늘 받은 사인을 액자로 만들어서 매장에 걸어 놔도 괜찮을까요? 주인공이 허락해 줄지 안 해줄지도 모르는데 제가 깜빡하고 실례를 했네요. 대신 오늘 옷값은 제가 직원구매가로 해 드릴게요.

학생: (쑥스러운 표정으로 웃으면서 끄덕이며) 네! (학생은 건네받은 A4 용지에 이름, 날짜, 사인을 큼지막하게 써서 매니저에게 건네준다) 여기 있어요. 꼭 프로선수가 되어야 겠어요.

매니저: 고마워요. 성은 씨, 이 사인 내 책상 위에 있는 앨범에 넣어 놔요. 그래야 잘 보관할 수 있으니까. 그럼 프로 선수들도 자주 찾으시는 브랜드로 제가 추천해 드릴게요. 연습 중 입으실 의상이신가요? 원하시는 디자인은 어떻게 되세요?

- **포인트:** 이후 계절마다 신상품이 나오면 매니저는 가족에게 전화로 신상품 정보를 전달한다.
- **결과:** 우연히 처음 들어가 본 매장에서 그날 살 예정이었던 옷 중 두 벌을 구매하였다. 이후 다른 지방으로 이사 가기까지 1년 반 동안 매장의 단골이 되었다.

딸의 미래에 대한 기원이 상품의 구매로까지 연결되는 것을 확인하셨

 네 번째 강의 감성소개설득법 – 고객이 고객을 부르게 하라 

지요? 이 매니저의 경우 훌륭했던 점은 두 가지 꼽을 수 있습니다.

첫째, 사인을 받아 자신의 기원을 확실한 형태로 만든 점
둘째, 구매가 끝난 후에도 지속해서 연락하며 고객을 관리한 점

을이 수치이익을 잘 줌으로써 계약을 이끌어냈다 하더라도 그 고객과의 인연은 그 계약 하나로 끝날 가능성이 큽니다. 즉, 그 고객과의 재구매로 이어지기는 어렵다는 아쉬움이 남는 것이죠. 하물며 그 고객에게서 다른 고객을 소개받는다는 희망은 꿈도 꾸기 어렵습니다. 그러나 기원이라는 칭찬을 통하면, 수치이익과 감성이익, 이 두 가지 목적을 다 얻을 가능성이 매우 높습니다.

 감성설득 고객의 마음을 사로잡는 감성칭찬 화법

고객을 소개자로 만드는 감성칭찬법 3
고객을 소개자로
탈바꿈시키는 방법

지금까지 구매자와 특별한 사이가 되는 방법을 알려드렸습니다. 그렇다면 이전과 같은 방법으로 절친한 '비즈니스 지인' 사이가 된 고객을 어떻게 새 고객 소개자로 만들 수 있을까요?

소개받을 사람에 대한 이야기라면 언제든 OK하라

고객과의 대화에서 혹시 소개받을 만한 사람에 대한 이야기가 나오면 절대 놓치지 마십시오. 고객이 주는 정보를 칭찬해 가면서 자연스럽게 대화를 이끌어가는 겁니다.

> ▶ 이야. 그런 분도 계신가요? 정말 재미있는 분이네요. 고객님은
> 그분에 대해 어떻게 생각하세요?

설령 고객이 직접 그 새 고객을 소개해 주지 않더라도 새 고객에 대한 정보는 많으면 많을수록 좋습니다.

이때 중요한 것은 '구매'와 '소개요청'으로 고객을 몰아가지 않는 것입니다. 새 고객 소개는 전적으로 기존 고객에게 달려 있습니다. 고객에게 직접 소개해 달라고 말하기보다는 고객이 이야기하는 도중 이 을에게 이 사람을 소개해 주면 정말 좋겠다고 느끼게 해주는 것이 좋습니다.

감성칭찬으로 '소개하기'에 흥을 실어준다

- 당신의 소개가 내게 정말 도움이 된다.
- 당신의 소개가 당신 지인이자 새 고객에게도 도움이 될 것이다.
- 당신은 한 번에 양쪽을 도와주는 정말 대단한 사람이다.

소개를 받을 때 고객에게 이런 마인드를 가지게 한다면 고객은 을이 바라는 것 이상으로 적극적으로 나서 줍니다. 어떻게 해야 고객을 이렇게 흥이 나게 할 수 있을까요?

중요한 것은 **기존 고객에게 '수치이익'이 아니라 '감성이익'으로 어필하기**입니다.

 감성설득 고객의 마음을 사로잡는 감성칭찬 화법

수치이익으로 부탁하면 설령 소개해 줄 사람이 있더라도 굳이 해주지 않는 경우가 많습니다. 이런 사실을 모르고 아무 생각 없이 수치이익으로 부탁하는 을이 의외로 많습니다. 자, 그렇다면 수치이익으로 소개를 부탁한다는 말이 과연 무엇일까요?

이런 표현은 을의 필요만 이야기할 뿐 고객이 굳이 소개라는 번거로운 일을 하고 얻는 이익은 없습니다. 자신에게 좋을 것 없는 봉사를 열심히 해주는 사람이 어디 있을까요? 게다가 단조로운 소개 대화는 성의 없게 느껴집니다. '그냥 인사치레로 하는 말인가 보다'라고 느낀다면 더욱 기회가 없어지겠지요.

▶ 고객님! 주변에 절친한 지인분 중에서 믿고 구매할 만한 매장을 찾는 분이 생기시면 꼭 저희 매장을 소개해 주시기 바랍니다. 만약에 고객님의 추천으로 저희 매장에 오신 분이 계신다면 고객님이라 생각하고 최선을 다해 모시겠습니다. 저도 고객님께 따로 감사인사를 드리겠지만 그분들께서도 고객님께 '정말 마음에 드는 매장을 소개해 줘서 고맙다'라는 말씀을 하실 수 있도록 성심껏 살펴드리겠습니다.

▶ 뛰어난 그림, 훌륭한 음악도 그것을 알아주는 더 훌륭한 관객과 청중이 있기 때문에 인정받을 수 있는 것 아니겠습니까? 제가 설명해 드린 것 이상으로 고객님은 저희 금융상품의 중요성과 가치를 알아채셨습니다. '유유상종'이라는 말이 있죠. 분명히 고객님 주위에는 고객님처럼 현명함이 뛰어난 분들이 많이 계실 것입니다. 그분들께 고객님이 가입하신 금융상품의 중요성과 가치를 간단하게 소개해 주셨으면 합니다. 보통은 보험 설명은 어려운 것이기 때문에 부탁을 하진 않지만 고객님은 워낙 탁월하셔서 저보다 훨씬 나으셔요. 주변분께 간단하게 설명해 주신 후 구체적으로 궁금한 점이 있는 분들은 제게 소개해 주실 수 없을까요?

▶ 차를 제대로 아시는 분께 신형 차를 권해드릴 수 있어 기쁩니다. 역시 무엇이든 어울리는 주인에게 가야 하겠지요. 아까 매장을

고객에게 소개를 부탁해서 새로운 고객을 소개받는 기술은 모든 세일즈의 기술 중에서도 최고 난도에 해당하는 설득 기술입니다. 제가 강의에서 여러 차례 강조한 사실 중 하나가 바로 주연과 조연 역할이었는데 기억나시나요? 이 경우에도 마찬가지입니다. 언제나 주연은 고객입니다. 새로운 고객을 소개해 주는 것도 '기존 고객'인 것입니다. 고객을 흥이 나게 해주면 소개는 딸려오는 부록과도 같습니다.

할 수 있다면 소개장은 반드시 확보하라

모든 설득분야에서 소개장이 통용되는 것은 아닙니다. 하지만 격식이 필요한 세일즈에는 이만큼 힘을 실어주는 것도 없습니다. 필요하다면 소개장을 반드시 확보하십시오. 당신이 받은 소개가 흘려버리면 그만인 구두 형태가 아니라 정식으로 받은 것임을 새 고객에게 어필할 수 있는 증거가 되어야 합니다. 또한, 소개장을 확보해놓으면 그만큼 기존 고객도 책임감을 가지고 소개를 진행하게 됩니다.

소중한 분들을 소개해 주십시오!

사랑하는 분들과 유익한 정보를 공유하는 것도 '배려'와 '사랑'입니다.
고객님께서 경험하신 유익한 정보를 그분들도 경험하실 수 있도록 소개해 주시기 바랍니다.

성함	연락처	기타

새 고객 못지않게 기존 고객도 관리하라

세일즈의 세계에서 어제는 머나먼 과거일 뿐이라고 말합니다. 그렇기 때문에 을은 하루 빨리 수많은 사람을 방문해야 하고, 약속도 안 되어 있는 사람들을 만나러 가보기도 하는 것이죠. 그런 와중에 거절도 당하고, 냉대도 당하는 등 좌절과 포기하고 싶은 순간들도 만납니다. 이렇듯 새로운 고객을 만들기 위한 세일즈맨의 노력은 차마 말로 다 하기 어려울 만큼 눈물겹습니다.

하지만 그 오늘과 내일도 어제가 없었다면 만들어지지 않았겠지요? 새로운 고객도 기존 고객이 있었기 때문에 만들어진 것임을 명심하시기 바랍니다.

소개해 준 기존 고객에게는 그 소개가 성공했느냐 안했느냐와 상관없이 그만한 대우를 해 주어야 합니다. 기존 고객도 소개한 이상 새로운 계약이 성공되기를 바라고 있습니다. 그리고 '나는 당신이 말했던 것처럼 정말 괜찮고 좋은 사람이다'는 인정을 받고 싶어 하지요.

그저 심리적 보상을 해 주라는 것이 아닙니다. 기존 고객 우대는 새 고객 유치의 또 다른 전략입니다. 새 고객이 판매자의 태도에 대해 누구에게 정보를 얻겠습니까? 바로 '기존 고객'입니다. 그런데 '기존 고객'이 당신의 세일즈에 대해 나쁘게 말한다면? 과연 새 고객이 잘 유치될까요?

이 때문에 상품이 팔리느냐 아니냐는 여러분 을에게 달렸지만 새로운 고객이 여러분을 찾느냐 아니냐는 이들 '기존 고객'에게 달린 겁니다. 여러분, 기존 고객에 대한 성실한 자세를 잊지 마십시오.

   네 번째 강의 감성소개설득법 – 고객이 고객을 부르게 하라 

전달해 주길 바라는 정보는 확실히 정리해서 알려주자

　모든 기존 고객이 소개의 달인은 아닙니다. 여러분이 기존 고객의 화술까지 정정해 줄 수는 없겠지요. 하지만 여기서 여러분이 할 수 있는 한 가지를 알려드리겠습니다. 여러분이 전달하는 정보를 통제하는 것입니다. '기존 고객'에게 내가 어떤 세일즈맨인지 알려야 할 것, 알리지 않을 것을 분류할 수 있다는 것이죠.

　소개가 본격적으로 진행되기 전 '기존 고객'에게 당신이 알리고자 하는 바를 정리하여 전달하는 것이 좋습니다. 자료를 첨부할 수 있다면 더욱 좋겠지요. 아예 카탈로그를 만들어 고객에게 제공하는 것도 좋은 방법입니다.

고객에게 해서는 안 되는 금지어 수칙

숫자부터 부르지 않기

거듭 말씀드렸듯이 수치이익은 가장 마지막에 공개해야 하는 조건입니다. 먼저 가격부터 제시하는 것은 하수 중 하수의 방법입니다. 가격경쟁은 내 상품의 퀄리티를 떨어져 보이게 하고, 덧붙여 내 매장의 격도 떨어뜨립니다. 고객이 여러분을 흥정의 대상으로 보지 않게 하는 것, 이것이 감성칭찬의 가장 큰 이익입니다. 이를 놓치는 실수를 해서는 안 됩니다.

물론 고객이 가격부터 물어오는 경우도 많습니다. 하지만 그렇다고 성급하게 '네, ○○원입니다'라고만 얘기하면 십중팔구 고객을 놓칩니다.

나쁜 사례

고객: 이 운동화는 얼마인가요?
점원: 7만원입니다.

좋은 사례

고객: 이 운동화는 얼마인가요?
점원: 아, 고객님께서 정말 좋은 제품 고르셨네요. 다른 운동화보다 조금 더 저렴한 가격으로 7만원입니다.

두 가지 고객 응대의 차이. 확실히 눈에 보이십니까? 첫 번째 응대의 경우에는 고객이 이 운동화를 살지 말지 확률은 반반입니다. 하지만 두 번째 응대의 경우에는 구매 확률이 확실히 올라가지요. 게다가 부수적인 멘트와 함께 운동화를 직접 보여주고 신어보도록 한다면 어떨까요? 고객의 쇼핑 계획에 크게 벗어나지만 않는다면 고객은 그 운동화를 살 것입니다.

부정적인 말은 뒤에 넣지 않기

나쁜 사례
▶ 너는 다 좋은데, 이러 이러한 점이 문제야.

실생활에서 흔히 쓸 수 있는 말입니다. 하지만 이 표현을 칭찬으로 받아들이는 분은 많지 않겠지요? 대부분 이런 표현은 지적할 때 쓰입니다. 우리의 감성칭찬은 어디까지나 고객의 기분을 최우선으로 합니다. 부정적인 말을 결론으로 칭찬을 끝낸다면 어떤 고객도 찝찝하겠지요. 애써 감성칭찬을 해놓고, 고객에게 찝찝한 맛을 남겨서는 안 됩니다.

나쁜 사례
▶ 고객님은 참 몸매도 좋고 얼굴도 작으신데, 허벅지가 좀 아쉽네요. 그래서 이 바지는 안 맞으실 것 같은데요. 그것 봐요. 잘 안 맞으시지요? 이 원피스가 고객님에게는 훨씬 잘 어울려요.

좋은 사례
▶ 고객님, 비록 지금 이 옷이 맞지 않으시지만 고객님의 몸매는 충분히 매력적이세요. 제가 다른 옷을 추천해 드리겠습니다. 고객님 몸매를 한껏 살려드릴 수 있는 사랑스러운 원피스입니다.

 감성설득 고객의 마음을 사로잡는 감성칭찬 화법

둘 다 바지가 맞지 않는 고객에게 원피스를 추천하는 상황입니다. 하지만 이 두 가지 멘트를 들었을 때 고객의 반응은 절대 같지 않을 겁니다. 고객은 원래 사려던 바지가 맞지 않아 이미 속상한 상황인데 거기에 그 사실을 강조하는 마무리 멘트를 하면 더욱 고객의 구매 의욕을 꺾게 될 겁니다.

고객이 스스로 흥이 나서 자연스럽게 구매 욕구를 올리는 것, 그것이 감성칭찬의 또 다른 장점입니다. 같은 지적을 해야 한다면 부정적인 말은 절대 앞으로 배치하고, 마무리 멘트는 반드시 긍정적으로 끝내도록 합시다. 고객의 얼굴이 밝아질수록 여러분의 실적도 늘어납니다.

'제 생각은 이렇습니다'라고 자기 주관 강요하지 않기

일반적으로 을은 고객보다 상품에 대해 훨씬 전문적인 지식을 갖추고 있기 마련입니다. 그야 당연하지요. 내 상품에 대해 나보다 잘 아는 사람이 세상에 어디 있겠습니까.

그러다 보니 상담 중 고객에게 조금 더 알려주고 고객의 잘못된 오해를 바로잡기 위해 설명하다 지나치게 흥이 실리는 경우가 있습니다. 앞서 말했듯 고객이 주연이라는 것을 깜빡 잊게 되는 경우입니다.

나쁜 사례

▶ 제가 보기엔 그렇지 않습니다. 아니에요.
▶ 고객님. 저라면 안 그럴 텐데요.

　이런 멘트는 고객에게 '내가 너보다 못하다는 거야?'라는 생각을 하게 만듭니다. 자기 주관이 강한 고객이라면 '흥 당신이 어떻게 생각하든 나는 내 방식대로 할 거야'라는 오기가 발동할 수도 있습니다. 어느 쪽이든 결코 우리가 원하는 상담 방향으로는 흐르지 않을 겁니다.

　고객의 잘못된 판단이나 오해를 바로 잡을 때에는 절대로 '내 생각이 이렇다'라고 내세우지 않도록 하세요. 객관적인 자료를 제시하거나 다른 고객의 사례를 설명하는 것이 좋습니다. 잘못된 결정을 하려는 것도 고객이지만 그것을 수정하는 것도 고객입니다. 결국에는 고객이 현명한 결정을 내린 덕분에 계약이 잘 체결되었다는 쪽으로 흘러가야 성공한 상담이 되는 것입니다.

다섯 번째 강의

감성질문화법 - 감성질문화법으로

비즈니스 지인을 만들어라

다섯 번째 강의: 감성질문화법
감성질문화법으로
비즈니스 지인을 만들어라

강사 **송감찬**

수강생 **진희선**

진희선 씨(35세)는 3년 전 초등학생 학습지 교사 일을 시작했다. 결혼 전까지는 초등학교 교사가 되기 위해 고시 준비를 했었던 그녀. 초등학교 선생님은 되지 못했지만 그나마 자신의 꿈과 연관된 일을 한다는 것이 무척 보람찼는데……

공부에 관심이 없는 학생 준영이를 맡게 되면서 그녀의 학습지 교사 생활은 고통 그 자체가 되었다. 준영이의 어머니는 하루라도 빨리 아이의 성적을 상위권으로 만들어 달라고 닦달인데……. 도대체 이 난관을 어떻게 극복해야 할까?

진희선: 저는 △△ 학습센터의 학습지 교사예요. 제가 맡은 학습지는 초등학생이 주 대상으로 초등학생들의 학습을 돕고 있어요.

송감찬: 아, △△ 학습지라면 요즘 초등학생들이 다 한 번씩은 풀어보는 학습지 아닌가요?

진희선: 예. 이 업계에서 가장 큰 회사 중 하나죠. 다른 회사에 비해 대우도 나쁘지 않은 편이고……. 지금까지는 실적이 괜찮아서 급여도 만족할 만큼 받았어요. 하지만 이게 얼마나 갈 수 있을지…….

송감찬: 실적이 좋으신 분께서 왜 그리 기운 없는 말씀을 하십니까? 그러고 보니 안색도 영 안 좋아 보이시네요.

진희선: 제가 요즘 일주일에 한 번씩 진을 다 빼서 그래요. 수요일 오후에 들르는 학생 집이 있거든요. 거기만 들어갔다 나오면 힘이 쭉 빠져서…….

송감찬: 학생이 말을 잘 듣지 않나요?

진희선: 음. 학생은 맑고 순수하고 좋은 아이에요. 그 학생 이름을 준영이라고 부르기로 하죠. 준영이는 활달하고 운동을 잘해요. 하지만 공부에는 관심이 좀 적어요. 그래도 부모님이 매일 공부시키고 제가 매주 감독하니까 학습지를 성실하게 풀긴 합니다. 그 덕분인지 성적도 중간권이고요. 문제는 준영이가 아니라 준영이 어머니에요.

송감찬: 학생이 아니라 학부형이 문제라고요?

진희선: 사실 학습지 교사 일이라는 건, 학생보다도 학부형이 진짜 고객이거든요.

송감찬: 그렇다면 사실상 두 고객을 상대하고 있다고 봐야 하겠네요?

진희선: 그런 셈이죠. 학습지 교사가 가장 신경 써야 할 일은 일단 아이들 수업과 성적이죠. 하지만 학습 기간을 얼마나 연장하느냐는 학부형과의 관계에 달려 있어요. 그런데 준영이 어머니 같은 분은……. (무의식적으로 고개를 절레절레 흔든다)

송감찬: 준영이 어머니는 어떤 분이신가요?

진희선: 아이들 교육에 아주 열정적이고 관심이 많은 분이에요. 사교적인 성격이라 인근 초등학생 학부형들하고는 거의 다 아는 사이고요. 준

영이가 반드시 반에서 10등 안에 들어서 좋은 중학교에 가길 바라시죠.

준영이 어머니: 우리 준영이 XX 중학교나 △△ 중학교 정도는 가야해요. 그냥 뺑뺑이 돌려서 무작위로 가는 학교는 안된다고요. 일단이번 학기는 반에서 10등까지는 만들어 주셔야 해요.

진희선: 하지만 이번 학기 안에 반 10등을 만드는 건 아무래도 무리죠.

송감찬: 그런 점을 어머님께 잘 말씀드려 보셨나요?

진희선: 그야 뵐 때마다 말씀드렸죠. 하지만 결론은 어떻게 해서든 '성적을 올려달라' 이거예요.

준영이 어머니: 우리 아이 오늘 수업시간에 어땠나요? 열심히 들었으면 성적 오르는 거죠, 선생님?

진희선: 그래서 아예 질문하실 틈이 없게 하려고 제가 먼저 설명해 드렸죠. 아이의 수업 태도, 학습지 진도, 평균 점수 전부 다요.

송감찬: 하지만 그걸로 문제 해결이 안 된 것 같은데요.

진희선: 네. 궁금해하실만한 건 다 말씀드리는데도 준영이 어머니는 점

  다섯 번째 강의 감성질문화법 – 감성질문화법으로 비즈니스 지인을 만들어라 

점 표정이 안 좋아지시는 거예요. 저는 저대로 준영이 어머니께 설명하느라 진이 다 빠지고요. 게다가 결정적으로 준영이 성적은 절대로 이번 학기 안에 어머니가 바라는 만큼 오를 리 없으니 이대로라면 준영이 어머니는 분명 저희 학습지를 끊어버리실 거예요.

송감찬: 아직 준영이 어머니가 그만두겠다고 하지 않은 이상 그런 단정은 섣부른 게 아닐까요?

진희선: 아니요. 이미 준영이 어머니가 동네 보습 학원을 알아보고 있다는 이야기를 들었어요. 학습지라는 게 학부형이 언제든 끊으면 그만이잖아요. 문제는 준영이가 학습지를 끊으면 줄줄이 고객들을 놓치게 될 거라는 거예요.

송감찬: 준영이 하나 때문에 다른 아이들도 그만둔다는 건가요?

진희선: 아까 말씀드렸다시피, 준영이 어머니가 정말 인맥이 넓으시거든요. 입심이 대단하세요. 준영이 어머니가 우리 학습지를 신청해준 덕분에 새로 얻은 고객이 꽤 많아요. 이게 양날의 검인 거죠. 준영이 어머니가 준영이의 성적이 오르지 않아 우리 학습지를 끊었다고 이야기하고 다니시면 그 고객들도 전부 그만둘 거예요. 게다가 그 인근에서는 신규 가입자 모으기도 더 힘들어지겠죠.

　　감성설득 고객의 마음을 사로잡는 감성칭찬 화법

송감찬: 그거 정말 난감하시겠습니다.

진희선: 준영이 어머니는 버리고 싶어도 버릴 수가 없는 고객이죠. 현재로서는 최선을 다해 열심히 준영이 어머니를 달래는 수밖에 달리 방법이 없어 보여요. 지난 수업하던 날도 준영이 수업보다도 준영이 어머니께 설명해드리느라 시간을 더 많이 쓴 것 같아요. 그 와중에도 준영이 어머니가 '그래서 성적은 언제 오르는 거예요?' 하고 물을까 봐 어찌나 겁이 나던지…….

송감찬: 진희선 씨. 정말 피곤하시겠습니다. 제가 진희선 씨 고민을 덜어드릴 해답을 드리겠습니다. 하지만 어쩌면 진희선 씨께서 그 해답을 싫어하실지도 모르겠네요.

진희선: 해답이 있는데 왜 싫어하겠어요. 어떤 해답인데 그러세요?

송감찬: 바로 '질문하기'입니다. 단, 이번에는 진희선 씨 쪽에서 먼저 학부형에게 적극적으로 질문을 던지시는 거지요.

송감찬: '매도 먼저 맞는 것이 낫다'고 하잖아요. 어차피 부딪힐 일인데 피하기보다는 먼저 나서서 받아들이는 게 낫다는 건 진희선 씨도 아실 것입니다.

진희선: 결국 준영이 어머니를 피할 수는 없겠죠. 휴~. 저도 알고 있어요. 하지만 제가 그 불만을 해결할 능력이 없는데 어떻게 말을 해야 할지…….

송감찬: 준영이 어머니라는 고객은 진희선 씨가 제공하는 학습지 서비스에 불만을 느끼고 있고, 그걸 계속 어필하려 합니다. 고객의 불만이 합리적인지, 학습지 교사가 그걸 해결할 수 있는지는 나중에 따질 문제입니다. 일단 지금 고객이 내게서 무슨 불만을 해결하려 하는지 들어야 하겠지요.

진희선: 듣는 것만으로 끝나지 않을 텐데요. 그래서 변명 같지만 제가 더 열심히 설명하는 거고요.

송감찬: 어떤 교사들은 진희선 씨처럼 움츠러든 나머지 고객이 자신에게 불만을 표현할 타이밍을 만들지 않으려고 합니다. 고객이 불만을 말하기 전에 먼저 나서서 불만 사항을 해결한다, 그건 좋습니다. 그러나

그것이 고객의 입을 막기 위한 임시방편이라면 고객은 금방 눈치채겠지요. 그러면 오히려 판매자에 대한 불신감이 고조되고 맙니다.

진희선: 제 방법이 오히려 악순환을 만들고 만 건가요? 그럼 제가 어떻게 해야 할까요?

송감찬: 오히려 이것이 전화위복이 될 수도 있습니다. 지금 진희선 씨는 '선생'이라는 자신의 입장을 전혀 살리지 못하고 있어요. 학생을 사이에 두고 진희선 씨와 학부형은 인간관계가 형성될 수 있는 소지가 매우 큰데도 말입니다.

진희선: 저도 준영이 어머니와 그런 관계가 될 수 있다면 좋겠죠. 하지만……. 준영이 어머니와는 상성이 안 맞아서…….

송감찬: 두렵다고 해서 부정적으로만 보실 게 아닙니다. 학부형께서 진희선 씨가 처리하기 힘든 요구를 계속 해 오신다는 것은 그런 요구를 들어줄 사람이 그분에게는 진희선 씨밖에 없다는 뜻이니까요.

진희선: 예에? 그럴 리가요. 준영이 어머니처럼 발이 넓은 분이요?

송감찬: 인맥 넓은 고객이라면 쉽게 다른 학습지 선생이나 보습 학원을 찾을 수 있을 거로 생각하시죠? 하지만 그건 '진희선 씨'의 생각입니다.

 다섯 번째 강의 감성질문화법 – 감성질문화법으로 비즈니스 지인을 만들어라 

고객은 단지 움츠러든 자신 없어 보이는 모습 때문에 진희선 씨를 부정적으로 보고 계신 것일 수도 있습니다.

진희선: ……. 저의 움츠러든 자세가 좋지 않다는 것은 저도 알고 있어요.

송감찬: 설득은 고객에게 변명하거나 사정하는 게 아닙니다. 설득 과정에서 서로 요구 조건이 맞지 않는 건 맞춰 가면 되는 일이지 누가 누구에게 죄를 진 것이 아니거든요. 그 점에 대해 학부형과 협상을 해야 합니다.

진희선: 그렇게 말씀하시니 마음이 좀 가벼워지네요.

송감찬: 협상하는 데에는 상담 시 적극적으로 대처할 때 고객을 유지하고 확보하는 데 훨씬 도움이 된답니다. 소극적인 대처는 고객으로 하여금 의심과 불신의 실마리가 됩니다.

진희선: 반대로 적극적인 대처는 신뢰의 기초가 되겠군요.

송감찬: 그렇습니다. 그렇다면 어떻게 해야 적극적인 상담을 진행할 수 있을까요? 바로 '고객에게 질문을 던지는 것'이 그 비법입니다.

진희선: 예? 제가 준영이 어머니의 질문을 듣는 것도 부담스러운데 오

히려 제 쪽에서 질문하라고요?

송감찬: '질문하기'는 매우 효율적이고 이용할 곳이 많은 도구예요. 질문으로는 고객의 의도를 파악할 수 있습니다. 또한, 고객과의 공통 화두를 찾아내는 것도 질문을 통해서입니다.

고객이 어떤 힐난을 해올까 두려우십니까? 내가 해결할 수도 없는 불평불만을 들을까 봐 걱정되시나요? 오히려 고객에게 던지는 질문이 비난을 막아줄 것입니다.

진희선: 어떻게 그런 일이 가능하죠?

송감찬: 질문을 던짐으로써 '고객의 불평'에 관심을 기울이고 있으며, 적극적으로 그 불평을 해결하려 한다는 인상을 주는 것입니다. 실제로 그 문제를 해결할 수 없더라도 고객에게 양해를 구할 수 있는 분위기를 훨씬 부드럽게 형성할 수 있지요. 게다가 질문에는 또 한 가지 생각지 못한 기능이 있답니다. 바로 '질문을 통해 칭찬하기'지요.

진희선: 질문으로 칭찬이 가능하다고요?

송감찬: 그럼요! 칭찬은 을에게 전혀 손해와 손실이 없는 최고의 설득 무기입니다. 특히 칭찬은 단시간에 고객과 나 사이를 '비즈니스 지인'으로 만들어줄 수 있습니다.

 비즈니스 지인이란 게 어떤 건가요? 보통 지인과는 확실히 다른 느낌인데요.

 칭찬을 통해 강화된 고객과 을의 관계. 그것이 비즈니스 지인입니다. 여기에서 한 가지 확실히 해둘 것은 보통 지인과 '비즈니스 지인'은 다르다는 것입니다. 그리고 고객이 제품을 구매하는 상대는 지인이 아니라 비즈니스 지인이라는 사실도요. 을들은 설득에 실패할 때 흔히 '고객은 나보다는 자신의 지인 을에게서 물건을 구매할 것이다'라고 생각합니다. 을들이 가장 자신감을 잃어버릴 때가 바로 고객의 입에서 '지인이 판매하고 있다'는 말이 나오는 순간이라고도 하고요.

 저도 몇 번 지인이란 말에 겁을 먹고 물러난 적이 있어요.

 막상 우리도 지인들을 상대로 한 설득이 절대 만만하지 않다는 것을 알면서도 이런 편견은 쉽게 해소되지 않습니다. 실제 성공적인 세일즈맨들의 판매 성과를 보면 지인과 지인이 아닌 경우가 2 : 8 정도로 나뉩니다.

'비즈니스 지인'만 될 수 있다면 그 어떤 고객이라도 내 고객으로 만들 수 있습니다. 게다가 고객이 자신의 지인을 소개해 내 비즈니스 지인으로 만들어주기까지 합니다.

 준영이 어머니의 인맥이 제 인맥이 될 수 있다면……. 질문하기에 대해 좀 더 구체적으로 알려주실 수 있나요?

송감찬: 물론이죠. '먼저 질문 던지기' 화법으로 고객과의 거리를 좁히는 방법을 설명해 드리죠. 어떻게 질문으로 고객과 공감할 수 있는지 알려드리겠습니다.

고객 라인 질문 강화법 1
고객이 아는 것에 대해 질문하라!

질문이라고 하면 학생이 선생에게 궁금한 점을 물어보는 것이나 선생이 학생을 시험해 보기 위해 물어보는 것이라고 생각하기 쉽지요. 하지만 실제 대화에서는 훨씬 다양한 방법으로 질문을 사용합니다. 특히, 많은 경우 질문은 상대와 '공감할 수 있는 대화 소재'를 찾기 위해 쓰입니다.

그렇다면 아무 질문이나 하는 것이 상담 진행에 도움이 될까요? 왜 여쭤보는지 아시겠죠? 제 대답은 단연코 'No!'입니다. 질문 내용과 관계없이 고객이 모든 대답을 해 주지 않습니다.

상담에서 질문하는 목적은 지식을 쌓는 게 아니라 고객으로부터 대화를 유도하기 위한 것입니다. 고객의 말 속에는 상담을 이끌어 나갈 수

　　감성설득 고객의 마음을 사로잡는 감성칭찬 화법

있는 힌트가 많이 숨어 있습니다. 그렇다면 어떻게 질문을 던져야 우리가 원하는 고객과의 강한 관계를 만들어낼 수 있을까요?

나쁜 질문

단답형 질문

> ▶ 고객님, 파스타를 좋아하시나 봐요?
>
> ▶ 어머님. 은성이가 일곱 살이죠?

이렇게 '네/아니오'나 간단한 대답으로 끝날 수 있는 질문은 우리의 목적과 일치하지 않습니다. 우리는 고객의 니즈를 파악할 수 있도록, 고객이 자신의 얘기를 많이 해서 정보를 풀어놓게 해야 합니다.

고객에 따라서는 스스로 자신이 어떤 파스타를 좋아하는지 또는 자신의 아이가 어떤 성향의 아이인지 다 말하는 사람도 있겠지요. 하지만 모든 고객이 그러지는 않아요. 게다가 질문이 구체적이어야 우리가 궁금해하는 고객의 답도 구체적으로 얻을 수 있겠지요?

고객의 관심사와 상관없는 질문

> **차를 사러 온 고객에게**
>
> ▶ 고객님. 헤어스타일이 참 멋지시네요. 어느 미용실에서 하신 건가요?

　다섯 번째 강의 감성질문화법 – 감성질문화법으로 비즈니스 지인을 만들어라 

고객이 잘 아는 것, 고객이 자랑스러워할 만한 것이라고 해도 지금 고객의 관심과 큰 상관이 없는 질문은 미뤄두도록 하세요. 괜히 상담의 분위기를 흐트러뜨리고 고객의 신경을 분산시킬 수 있습니다.

고객이 잘 모르는 분야, 어려워하는 분야에 대한 질문

자동차에 대해 문외한인 고객에게

▶ 고객님. 승용차 타이어 교체 주기가 어떻게 되는지 아시죠?

고객이 모르는 것을 콕 집어 물어보는 것은 절대 피해야 하는 사항입니다. 전문 지식을 갖추고 있는 고객에게라면 오히려 자존심을 세워줄 수 있고, 흥미를 유발할 수 있는 질문이 되겠지만요. 하지만 일반 고객을 상대로 그 고객이 모르는 분야, 지나치게 전문적인 분야에 대해는 질문해서는 안 됩니다.

이런 질문을 하게 되면 고객은 오히려 입을 단단히 다물게 됩니다. 간혹 을이 나(고객)를 일부러 무시하기 위해 그런 질문을 한다고 여길 수도 있거든요. 이런 질문은 질문 화법을 가장 비효율적으로 사용하는 방법이므로 절대 피하도록 합시다.

이제부터 모범 질문을 살펴보죠.

'어떻게?', '무엇을?' 고객이 긴 답변을 하도록 유도하는 질문

> ▶ 고객님 스파게티를 좋아한다고 하셨죠? 무슨 스파게티를 가장 좋아하시나요?
>
> ▶ 고객님. 이 주문은 어떻게 처리해 드릴까요?

같은 질문이라도 '무엇을', '어떻게'를 활용함으로써 훨씬 긴 답을 유도할 수 있습니다. 고객은 을에게 설명하기 위해서 긴 문장으로 답하게 됩니다. 그럼 을은 그 답에서 다시 다음 질문으로 이어가는 것이지요. 이렇게 되면 고객과 훨씬 풍성한 대화를 할 수 있습니다.

고객과 을의 공통점을 확인하는 질문

> ▶ 고객님. 속눈썹이 참 기네요. 아주 예쁘세요. 그런데 간혹 속눈썹이 눈을 찌를 때가 있지 않으신가요? 저도 가끔 속눈썹이 말썽을 피울 때가 있어서요.
>
> ▶ 어머님. 둘째 형원이가 햄버거를 좋아한다고 하셨던가요? 저희 막내도 햄버거를 무척 좋아하는데……. 이 장난감 사은품은 우리 집에도 있거든요. 이 사은품 나오는 햄버거 아니면 안 먹어서요.

질문 형식을 통해 고객과 나의 공통점을 확인하는 방법입니다. 이를 통해 고객과 훨씬 친근한 분위기로 상담할 수 있습니다. 고객이 '이 사람

은 남이 아니구나', '이 사람도 내 고민에 대해 잘 이해할 거야'라고 생각하게 하였다면 성공입니다. 그때부터 고객과 을의 관계는 비즈니스 지인 관계로 더 가까워지는 것입니다.

객관적인 자료를 전달하며 질문을 한다

> ▶ 이것이 ㅁㅁ뉴스에 실린 1일 자동차 사고 건수와 사망자 수입니다. 그리고 여기 이 두 막대그래프가 저희 회사의 보상 건수와 다른 회사 보상 건수를 비교해 둔 것입니다. 고객님. 어떠신가요? 고객님의 예상과 일치하셨나요?

객관적인 자료를 먼저 제시하는 것은 고객에게 어느 정도 답을 미리 알려주는 것과 같습니다. 일단 고객은 자료를 통해 을에 대한 신뢰도를 올리게 됩니다. 그리고 을은 자신이 원하는 방향으로 고객의 답을 이끌어낼 수 있지요. 자료를 제시한 후에 질문을 던져 고객의 반응을 유도하면 고객을 훨씬 적극적으로 상담에 참여시킬 수 있습니다.

고객이 잘 아는 것을 묻는다

> ▶ 어머님. 둘째가 여섯 살이라고 하셨죠? 한참 유치원 다니고 있겠네요. 유치원에서 어느 수업을 가장 좋아하나요?
>
> ▶ 고객님은 차에 대해 정말 모르는 게 없으시네요. 고객님 차의 주행거리를 다시 한 번 알려주시겠어요? 많이 달리고 이렇게 상태가 좋은 차는 제가 처음 봐서요.

판매자가 하는 질문 중에서 상담에 가장 긍정적인 효과를 줄 수 있는 **최상의 질문**은 뭘까요? 바로 고객이 대답하고 싶어 하는 질문입니다. 그렇다면 고객이 가장 대답하고 싶어 하는 질문에는 어떤 것이 있을까요? 그야 바로 자신이 가장 잘 아는 분야이지요.

그래서 **판매자가 고객에게 던지는 질문 내용은 고객이 가장 잘 대답할 수 있는 분야여야 합니다.** 고객이 잘하는 것, 자신 있어 하는 것, 그리고 무엇보다도 고객이 간절히 바라는 것에 대해 칭찬하고 질문하세요. 고객이 대답을 잘한다는 건 그만큼 고객이 그 일에 관심이 많다는 뜻입니다. 고객의 관심이 늘어나면 늘어날수록 여러분의 설득 성공률도 높아집니다.

고객이 답했을 때에는 그것을 당연시하지 마시고, 반드시 '이렇게 자세히 잘 알고 있다니 대단하다'는 칭찬을 곁들이세요. 질문 하나의 화법도 이렇게 다양하고, 그를 통해 얻을 수 있는 효과는 이보다 더 다양합니다.

 다섯 번째 강의 감성질문화법 – 감성질문화법으로 비즈니스 지인을 만들어라 

고객 라인 질문 강화법 2
질문으로 칭찬하라!

그럼 본격적으로 질문을 통한 칭찬 실례를 찾아봅시다. 학습지를 예로 들어 볼까요?

- **상황:** 학습지 교사가 학부형과 상담 중이다.

고객님은 '어떻게' 이렇게 훌륭하세요? – '어떻게' 칭찬법

> ▶ 앞으로의 교육 트렌드는 어머님이 말씀하신 내용을 반영하여 전개될 거라고 저희 회사도 예측하고 있습니다. 저는 회사 교육 때 그 내용을 들어서 알게 되었어요. 그런데 어머님께서는 그런 깊은 내용까지 어떻게 알고 계신가요? 참 놀랍습니다.

두 칭찬은 고객의 현명함을 칭찬하고 위기관리 능력을 추켜세운 사례입니다. 역시 **'어떻게'**를 활용하고 있는 것을 확인하실 수 있습니다. 단순히 대단하다는 말을 질문 형식으로 바꿔 함으로써 고객을 한 번 더 치켜세워주는 화법입니다.

질문으로 고객의 단점을 가려주자

고객의 약점, 단점도 질문을 통해 가려줄 수 있습니다. 이 예문은 아이의 성적이 만족스럽게 나오지 않을 때 부모님에게 할 수 있는 질문방법입니다. 질문의 형식을 통해 오히려 고객을 격려하는 것이지요.

약점이야말로 고객이 간절히 칭찬을 바라는 부분입니다. 바로 그 부

분을 놓치지 말고 칭찬하여 확신을 주십시오. 기대심을 불러일으킬 수 있는 구체적인 칭찬이야말로 최고의 칭찬입니다.

질문 칭찬으로 고객의 확답을 받아내자

> ▶ 저희 프로그램에서는 아이의 집중도를 개선하기 위해 이러한 과정의 학습지를 추천하고 있습니다. 준영이의 호기심 많은 성격을 전적으로 살려주는 학습법인데요. 어머님도 준영이의 특성에 맞추어 학습하는 것이 좋다고 생각하시죠? 어머님께서는 워낙 꼼꼼하시고 아이에 대해서도 잘 알고 계시잖아요? 다음 주부터는 이 학습지로 진행하는 것이 좋지 않을까요, 어머님?

고객이 망설이고 있을 때, 고객의 안목을 칭찬하면서 거기에 더해 계약을 추진하는 질문입니다. 이렇게 질문함으로써 고객에게 이미 '계약이 성사되었음'을 기정사실로 할 수 있습니다. 그렇게 되면 고객은 이미 이 계약을 진행하지 않을 수 없는 입장이 되는 것이지요. 고객에게 질문하면 할수록 여러분에게 기회가 옵니다. 고객에게 말할 기회를 주는 것, 이것이 질문 화법으로 고객을 확보하는 비법입니다.

   감성설득 고객의 마음을 사로잡는 감성칭찬 화법

고객 라인 질문 강화법 3
고객의 숨겨진 니즈를
함께 칭찬하라!

여기에서는 고객이 '자신이 아닌 누군가를 위해' 제품을 구매하는 경우에 대해 알아보겠습니다.

우리는 흔히 고객을 한 번에 한 명씩 눈앞에 있는 고객만 상대한다고 생각하기 쉽습니다. 하지만 고객의 구매 행위는 절대 자기 자신만을 위해 진행하지 않습니다. 진희선 씨의 경우에는 고객이 학부형과 그 자녀가 되겠네요. 그러니 둘 중 하나만 칭찬해서는 칭찬 효과를 제대로 살릴 수 없습니다.

우리는 두 고객 모두에게 스며들 수 있는 무언가를 활용해야 합니다. 감성칭찬이 노소를 가리지 않는다는 건 이미 느끼셨지요? 아이와 어머니를 따로, 그리고 함께 칭찬하세요. 아이에 대한 '순수한 칭찬'은 학부

 다섯 번째 강의 감성질문화법 – 감성질문화법으로 비즈니스 지인을 만들어라 

형 고객으로 하여금 교사를 믿게 하는 큰 힘이 됩니다.

　자, 그럼 한 번 학부형 고객이 교사에게 따끔한 질문을 하는 장면, 교사의 제안을 '별것 아닌 것' 취급하거나 말을 잘라 버리는 상황을 가정해 보도록 하지요. 그다음 해야 할 맞장구들을 간단하게 정리해 볼까요?

흔한 부정적 반응과 모범 답변

▶ **부정적 반응**: 아니, 카탈로그 설명서 몇 번 읽어 봤더니 알 수 있겠던데요? 더 설명해주실 필요 없어요.

모범 답변: 와아, 카탈로그와 설명서는 몇 번 보신 걸로 벌써 파악하셨네요? 저희도 꽤 공부를 해야만 알 수 있는 내용인데요! 어머님은 제가 본 학부형님들 중에서도 손에 꼽게 명석하세요. 민수가 학습지 요지를 한 번에 파악하는 것도 어머니를 닮아 그런 걸까요?

▶ **부정적 반응**: 혹시나 아이와 잘 맞지 않을까 봐 걱정되네요. 별로 내키지 않아요.

모범 답변: 제가 학습지 교사를 해 오면서 적지 않은 학부형님을 만나 봤지만 어머님처럼 지혜로운 노력을 하시는 분은 손에 꼽을 정도로 적습니다. 혹시 자녀분들이 좀 더 자라고 나서 저를 만날 기회가 된다면 제가 어머님이 얼마나 훌륭하시고 지혜로운 분이신지 알려 드리고 싶을 정도네요. 그런 의미에서 저희 학습지의

　　감성설득 고객의 마음을 사로잡는 감성칭찬 화법

아이와 어머니의 특성을 함께 엮어 질문 칭찬을 하세요. 이와 별개로 아이를 상대할 때 아이에 대해 칭찬하는 것도 잊지 않아야겠지요. 또한, 선생님과 학습지를 공부함으로써 아이들이 어머니에게 고마워하리라는 점도 반드시 부각해 주십시오.

자녀와 부모 간에 서로 주고받는 감정적 보상은 말로 다 설명할 수 없습니다. 여러분의 상품이 자녀와 부모 사이와 관련이 있는 것이라면 절대적으로 활용해야 합니다. 부모와 자녀 간의 감정 교류에 여러분이 힘을 실어주고, 그만큼 감성이익을 돌려받는 것입니다.

감성칭찬 화법 TIP 5

고객 앞에서 화를 누그러뜨리는 방법

- 감성칭찬의 핵심은 내 마음에서 우러나 상대 마음도 우러나오게 하는 것
- 내 마음이 억지로 움직이는 게 이미 티가 난다면 그 효과는 반감

마음을 다스리기 위한 네 가지 비법

심적 부담은 줄이고 차분하고 긍정적인 상담을 유도하는 마음 가꾸기

화난 일에 대해 곱씹으며 떠들지 않기

- 페이스북, 트위터, 카카오톡 등 SNS에 분노 표출하지 않기
- 화가 났던 상황에 대해 너무 자주 이야기하면 할수록 그 상황에 메이게 된다.

화난 채 하루를 마무리하지 않기

- 잠이 들 때에는 적어도 그날 있었던 일 중 가장 좋았던 일 생각하기
- 좋았던 일이 연상되지 않는다면 나빴던 일 극복해 보기
- 한 번 겪었던 어려움을 다시 겪는 일이 많아서 다음번에 당황하지 않도록 마음 다스리기

> ▶ 오늘은 이런 안 좋은 일이 있었지만 내일은 다를 것이다.
>
> ▶ 오늘 있었던 일에 대해 나는 이제 대처법을 알고 있다. 나는 다시는 이런 일을 겪지 않을 것이다.

폭식과 폭음은 당신을 더욱 분노하게 할 뿐이다

- 음식을 통해 스트레스 푸는 것은 상황을 더욱 악화시킨다.
- '폭음'과 '폭식'을 하게 되면 신체의 자제 감각이 많이 저하되며 건강도 나빠진다.
- 엉뚱한 곳에 화를 푸느라 기력을 낭비한다.

침묵으로 마음을 다스리기

- '침묵'을 칭찬으로 이용한다.
- 웅변은 은, 침묵은 금이다.
- 적절한 순간 말을 끊는 것이 오히려 고객의 기대를 한층 부풀린다.

> ▶ 저는 고객님께서 요즘 보기 드물게 사려 깊고 섬세하신 분이라는 걸 잘 알고 있습니다. 지금 중요한 투자의 기회에서, 고객님께서 얼마나 저를 감동시키셨는지는……. 이루 말로 다 할 수 없을 것 같네요.
>
> ▶ 수고하셨습니다. 고객님. 잘 참고 기다려주셔서 제가 스타일링을 마무리할 수 있었네요. 지금 고객님이 얼마나 아름다우신지……. 말을 아끼도록 할게요. 오늘 뵙는 분들이 저보다 훨씬 아름다운 칭찬을 들려주실 것 같으니까요.

　다섯 번째 강의 감성질문화법 – 감성질문화법으로 비즈니스 지인을 만들어라 

여섯 번째 강의

감성 여성 공략법 - 여자도 모르는 여자의 마음!

감성적으로 칭찬하라

여섯 번째 강의: 감성 여성 공략법
여자도 모르는 여자의 마음!
감성적으로 칭찬하라

강사 **송감찬**

수강생 **민 실장**

민경애(37세) 실장은 뉴캐슬 예식장의 고객 상담과 결혼식 예약 업무를 총괄하고 있다. 처음 예식업계에 뛰어들어 밑에서부터 차근차근 실적을 쌓아 이제는 성공 가도를 달리던 그녀. 14년 만에 난관에 직면했다. 언제부터일까? 그녀의 예식장을 찾는 신랑 신부가 자꾸 까다로워지기 시작했다. 아무리 열심히 상담해도 다른 예식업체의 상품을 들먹이다가 돌아서기 일쑤였다. 그녀가 근무하고 있는 업체의 서비스는 전국의 다른 예식장에 비교해 전혀 뒤처질 것이 없는데 도대체 무엇이 마음에 안 든다는 건지. 그녀는 요즘 젊은 신부들의 마음을 도무지 알 수 없다. 가끔은 일부러 나를 약 올리는 건가 하는 서운한 감정까지 생긴다는데……

감성설득 고객의 마음을 사로잡는 감성칭찬 화법

송감찬: 민 실장님은 예식장에서 일하고 계시군요. 어떤 업무를 담당하고 계신가요?

민 실장: 제 고객은 결혼을 앞둔 신랑 신부님들이지요. 저는 상담과 계약 업무 전반을 담당하고 있어요.

송감찬: 일생일대 최고의 이벤트를 준비하러 오는 고객이니만큼 까다롭겠어요.

민 실장: 휴~. 까다로운 정도가 아니에요. 전 매일 출근할 때마다 맨손으로 전쟁터에 나가는 기분이랍니다.

송감찬: 축복받은 예식장이 민 실장님에게는 전쟁터라니. 왜 그렇게 생각하시죠?

민 실장: 요즘 고객들이 정말 까다로워요. 특히 신부님들이요. 가격이 마음에 안 든다고 하면 가격 협상을 열심히 하고, 서비스 질이 마음에 안 든다고 하면 또 서비스가 마음에 들도록 옵션을 바꿔드려야 해요. 제가 신부님들 요청에 상담 내내 이리 쫓기고 저리 쫓기는 기분이에요. 그

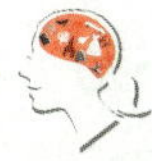

런데 그렇게 상담을 끝내고 나면 신부님들은 별 미련도 없다는 듯 '다른 데 더 알아보고 올게요'하고 일어나는 거예요. 이 업계 특성상 고객들이 더욱 신중을 기한다는 건 알아요. 하지만 예전에는 이 정도는 아니었거든요. 요즘에는 신부님들이 눈썹만 살짝 찌푸려도 눈치가 보여서 위가 다 쓰릴 정도예요. 그렇다고 호호호 웃는 신부님들이 다 계약하시는 것도 아니고요. 꼭 잘 웃으시다가도 계약을 취소하시니까…….

송감찬: 주로 신부 고객님들에 대한 고민이 많으시군요. 신랑 고객님들에 대해서도 마찬가지신가요?

민 실장: 아뇨. 신랑님들은 그렇게 까다롭지 않으세요. 하지만 대개는 신부님 의견을 따르시죠.

송감찬: 그럼 민 실장님은 무엇이 문제라고 생각하십니까?

민 실장: 글쎄요. 예식업체가 제공하는 서비스와 비용이 이미 고객들에게 너무 많이 알려진 탓일까요? 경제 침체가 문제인 것도 같고요.

송감찬: 결혼 같은 중대사에서는 고객들도 지출을 아끼지 않는 편 아닌가요? 요즘 예식은 예전과는 다르게 점점 다양화되고 있다고도 하고요. 고객의 취향을 맞출 상품이 많다고 들었는데요.

 감성설득 고객의 마음을 사로잡는 감성칭찬 화법

민 실장: 그 말은 맞아요. 하지만 제가 상대하는 고객들이 모두 우리 예식장은 스쳐 지나가 버리는 걸 어쩌겠어요. 어디 어디 예식장에서는 웨딩드레스 대여, 신부 화장, 사진촬영 패키지에 승용차로 촬영장 이동까지 책임져도 가격이 얼마밖에 안 하는데, 이 예식장은 그런 서비스가 없느냐는 식이죠.

송감찬: 민 실장님의 상담 스타일은 어떠십니까?

민 실장: 일단, 저는 신부님들의 의견을 거의 다 들어드리는 편이에요. 제 상담 스타일이 주로 '고객의 질문에 답변'하는 식이거든요. 그리고 저희 업체 서비스는 어느 예식장과 비교해도 모자라지 않을 만큼 훌륭한 퀄리티로 구성했기 때문에 어떤 질문이 들어와도 자신 있고요. 그런데 제가 아무리 '잘 듣고, 성심껏 답해드려도' 고객은 자기 궁금증이 다 해소되고 나면 상담자리를 떠나고 맙니다. 대부분 '아 네, 잘 알겠습니다. 좀 더 생각해 보고 다시 연락드릴게요'라고 말하고 나가버리는걸요. 그리고 다시 연락이 오거나 찾아오는 고객은 손에 꼽을 정도고요.

송감찬: 아까 신랑 고객님들을 상대하기는 편하다고 하셨지요. 하지만 신부 고객님들은 어렵고요. 함께 결혼하기 위해 둘이 예식장을 찾을 텐데, 민 실장님은 여성 고객이 왜 더 어려우실까요? 민 실장님도 여성이시고 오래 일을 해오셨으니 여성 고객의 마음은 많이 알고 계실텐데요.

 여섯 번째 강의 감성 여성 공략법 – 여자도 모르는 여자의 마음! 감성적으로 칭찬하라 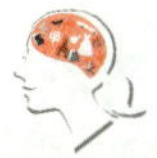

민 실장: 네? 그야 당연하죠. 저도 실제로 결혼해 본 사람이거든요. 여자 마음을 몰라서 제가 고객을 놓친다고는 생각 안 해요. 세대 차이라면 모를까. 그런 거 보면 요즘 20대 신부들이 제가 결혼할 때랑은 많이 다른 것 같아요. 경험자로서 조언하는 건데도 잘 듣지 않고 말이지요.

저희 경쟁 업체 판타지아 예식장의 실장은 심지어 남자인데 저와 상담을 다 하고 계약은 그쪽 실장과 잡는다니까요. 전 제가 이 직업에서 여자로서 메리트가 있을 거라 생각했는데, 제 생각이 틀린 걸까요?

송감찬: 세대 차이의 문제일 수도 있으나 제가 보기엔 민 실장님께서 매너리즘에 빠지신 것으로 보입니다. 그러면 여기서 여성 고객 상대법을 재점검해보시는 건 어떠실까요?

송감찬의 클리어 진단. 여성도 모르는 여성 고객의 마음을 잡아라

송감찬: 민 실장님 역시 자신의 문제를 직면하려 하지 않고 계십니다. 계속 여성 고객들을 상대하는 것이 어렵다는 점을 어필하시면서도 정작 그 부분을 지적당하자 부정하셨지요.

내가 여자니까.

나는 결혼 경험이 있으니까.

앞에서도 언급했지만, 판매자는 자기를 중심으로 생각해서는 안 됩니다. 민 실장님. 민 실장님이 여성이시지만 민 실장님과 신부 고객들 사이에는 큰 차이가 있습니다.

민 실장: 네? 저랑 제 고객들 사이에 차이가 있다고요? 설마 나이 이야기를 하시는 건 아니시죠?

송감찬: 나이 이야기가 아닙니다. 제가 말하고자 하는 것은 '여성'과 '여성 고객'의 차이입니다.

민 실장: 여성과 여성 고객이……. 다른가요?

송감찬: 고객이 바라는 건 무조건 가장 좋은 물건을 가장 싼 가격에 사는 것 아니냐 생각하시는 분들도 있을 것입니다. 게다가 거기에 성별이 무슨 상관이 있느냐고요? 하지만 서비스업 중에는 여성 고객을 주로 상대하는 곳, 남성 고객을 주로 상대하는 곳이 분명 나뉘지요.

민 실장: 그야 여성 고객과 남성 고객은 다르지요. 하지만 여성인 제가 여성 고객과 다르다는 게 무슨 말씀이신지 잘 모르겠네요.

송감찬: 제가 말씀드리고 싶은 부분은 여성으로서의 경험이 모두 '여성 고객'에게 그대로 투영되는 것은 아니라는 것입니다. '내가 여성이니 여

 여섯 번째 강의 감성 여성 공략법 – 여자도 모르는 여자의 마음! 감성적으로 칭찬하라

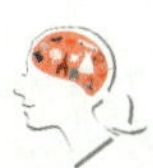

성의 마음을 잘 알 것이다'라는 전제는 아주 위험한 것입니다.

민 실장님은 계속 왜 신부님들이 미간을 찌푸리는지, 웃으며 들어놓고도 떠나는지 모르겠다고 말씀하셨습니다.

물론 민 실장님의 경력 모두를 부정하는 것은 아닙니다만, 고객들은 전부 다르고, 설득 경험 통계에 딱 들어맞는 고객은 없다는 거죠. 더욱이 '여성이라 여성을 잘 안다는 선입견' 때문에 여성 고객응대 방법을 갈고 닦지 않으신 건 아닐까 의심됩니다.

민 실장: 여성 고객응대 방법이요?

송감찬: 신부님들이 민 실장님이 설명한 서비스가 마음에 들지 않았을까요? 아니면 민 실장님의 상담에서 확신을 못 얻은 것일까요? 민 실장님은 고객의 말을 잘 경청할 만큼 상담의 베테랑이시고 민 실장님이 제시하는 서비스는 절대 다른 예식장에 밀리지 않는다고 하셨습니다. 그렇다면 문제는 민 실장님은 여성 고객들의 마음을 잡을 수 있는 서비스가 부족하시다는 뜻이 됩니다.

민 실장: 그렇다면 강사님이 말씀하시는 고객응대 방법이라는 건 어떤 거지요?

송감찬: 그것은 바로 칭찬으로 여성 고객들의 마음을 만족하게 해 주기입니다.

 감성설득 고객의 마음을 사로잡는 감성칭찬 화법

민 실장: 칭찬도 여성 고객들을 위한 칭찬이 따로 있다는 말씀이세요?

송감찬: 네. 그렇습니다. 인간관계에서 칭찬은 상당히 중요하며 또한 때와 장소에 따른 칭찬 내용도 다릅니다. '상담 시 칭찬은 분위기를 부드럽게 하는 부수적 요소에 불과하다'라고 생각하시면 안 됩니다. 민 실장님의 상담상품이 세상에서 딱 하나뿐일 정도로 희귀하다면 그 점에 자부심을 가져도 상관없습니다. 하지만 현대는 정보화 사회입니다. 어느 회사의 어떤 서비스가 나오면 곧 다른 동종업계도 비슷하게 따라가죠. 즉 가격, 품질, 기능, 용도, 서비스가 서로 비슷해지는 것입니다.

우리 제품이 다른 제품에 비해 뒤지지 않는다는 것은 좋은 일입니다. 하지만 과연 이것만으로 고객을 만족하게 할 수 있을까요? 특히 그것이 평생 한 번뿐인 중대사를 앞두고 있는 여성 고객이라면 어떨까요?

민 실장: 세상에서 제일 바라는 것 많은 고객이 되지요. 하지만 현실은 고객의 요구를 다 들어드릴 수 없고요.

송감찬: 무턱대고 가격을 낮추고 서비스의 품질을 올리는 건 불가능하죠. 그리고 그렇게 한다고 해서 여성 고객들이 모두 만족하는 것도 아닙니다. 여기에서 필요한 건 가격 깎기가 아니라 감성칭찬입니다. 여성 고객 자신조차 몰랐던 여성 고객의 마음을 흡족하게 만드는 '감성칭찬'으로 여성 고객을 설득하시라는 것입니다.

 여섯 번째 강의 감성 여성 공략법 – 여자도 모르는 여자의 마음! 감성적으로 칭찬하라 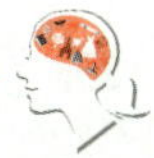

민 실장: 말씀은 알겠어요. 하지만 칭찬만으로 신부님들이 저와 계약을 해줄까요? 결국은 실제 이익이 되는 쪽으로 돌아서지 않을까요?

송감찬: 감성칭찬으로 줄 수 있는 이익은 제품의 실제 이익과는 별개입니다.

나와 내 배우자는 특별하다. 알아주는 당신이 마음에 든다.
이 상품은 특별하며, 그 상품을 구매할 나도 특별하다.
이 상품은 내 결혼에 꼭 필요하며, 나는 멋진 결혼식을 누릴 수 있을 것이다.

고객에게 이런 기대감을 맛보게 해주는 것이지요. 감성칭찬을 잘 구사해 낼 수 있다면 설득력의 크기와 가치는 상승할 것입니다. 민 실장님이 비즈니스 전선에서 직접 체감하신 바는 어떻습니까? 신부 고객에게 감성칭찬을 제때 해 보셨나요?

민 실장: 솔직히 말하면 전 남에게 칭찬을 잘하는 편이 아녜요.

송감찬: 감성칭찬은 습관처럼 체득하셔야 합니다. 현실에서는 ‘감성이익을 줄 수 있는 능력을 갖춘 세일즈맨들’만이 고객이 원하는 바로 그 감성이익을 줄 수 있습니다. 준비된 설득이란 감성이익에 대한 개념 정립과 표현 능력을 몸에 밴 상태의 설득을 말합니다.

민 실장: 그럼 저는 설득자로서 준비가 안 된 거였군요.

송감찬: '칭찬은 듣기 좋다'는 건 누구나 머리로 이해할 수 있습니다. 하지만 많은 을이 이해만 하지 '체득'은 하지 않지요. 머리로만 이해하기 때문에 '감성칭찬'이 별 효과를 얻지 못하는 것입니다.

민 실장: 말씀을 들으니 약간 찔리네요. '머리로만 이해한다'라……. 제 문제가 무엇이었나 어렴풋이 알 것도 같아요.

송감찬: 민 실장님은 특별한 인연을 맺어주는 예식업체에서 일하고 계십니다. 그곳에서 큰 사랑으로 맺어진 배우자와 평생 가약을 맺기 위해 오는 고객들을 상대하시고 계시죠. 하지만 우리가 특별한 만남을 기대하는 것이 단지 결혼뿐일까요? 아침에 집을 나서면서부터 고단한 몸으로 집에 돌아올 때까지 특별한 사건, 특별한 만남을 바랍니다. 그런 바람이 충족되었을 때 우리가 느끼는 만족은 절대 작지 않습니다. 그러니 사회생활을 하는 사람 누구든 언제나 '특별한 설득자'가 될 준비를 하고 있어야 합니다.

민 실장: 특별한 설득자라……．

송감찬: '같은 값이면 다홍치마'라는 속담은 모두 아실 것입니다. 하지만 민 실장님은 '같은 다홍치마면 나에게서' 구매하도록 해야 하는 입장

 여섯 번째 강의 감성 여성 공략법 – 여자도 모르는 여자의 마음! 감성적으로 칭찬하라

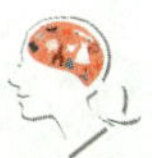

입니다. 고객에게 '특별한 설득자'가 될 수 있다면 그건 결코 무시할 수 없는 경쟁력입니다.

민 실장: 그럼 구체적으로 여성 고객은 어떻게 칭찬해야 하면 좋은가요? 비법을 아시나요?

송감찬: 먼저 고객에 대한 분석이 필요하겠지요. 분류와 비교 대조 말입니다. 야구경기를 생각해 보세요. 투수가 공을 마구잡이로 던지면 스트라이크나 삼진 아웃을 잡아낼 확률이 얼마나 될까요? 야구에서 공의 흐름은 모두 철저하고 체계적인 순서와 흐름에 의해 이루어집니다. 우리가 해야 하는 칭찬도 이 야구와 같습니다.

민 실장: 섬세한 말 표현이 필요하다는 뜻인가요?

송감찬: 여성 고객은 특히 칭찬에 까다로워서 공감할 수 없는 아무 칭찬을 하거나 칭찬을 너무 적게 해서도 안 됩니다. 연구에 따르면 여성들은 대화 중 20% 정도의 칭찬을 통해 커뮤니케이션을 한다고 해요. 여성에게 칭찬은 단순히 기분을 좋게 해주는 것이 아니라 상대의 의중을 확인하고 자신이 얼마나 만족할 수 있을지 타진해 보는 시험 도구이기도 한 것입니다.

감성 여성 고객 공략법 1
인상 칭찬, 외모 칭찬으로
내면까지 칭찬하라

제 강의에 참가하시는 수강생분들 혹은 저와의 상담을 원하시는 분들은 연령대가 매우 다양하십니다. 개인마다 성 관념도 다를 것이며, 특히 '이 연령대 사람들은 이해할 수 없어'라고 세대 차를 느끼시는 분들도 있을 것입니다. 하지만 시대가 달라지고 여성관이 변한다고 해서 '아름답다', '지혜롭다', '섬세하다'라는 말을 싫어하는 여성은 없습니다.

현시대의 흐름은 남자도 점점 외모에 신경 쓰는 사회로 되어가고 있듯이, 여성들이 외모를 가꾸지 않는 방향으로는 나아가지 않으니까요. 혹시 그런 사회가 온다면 그때는 다른 칭찬의 말을 찾아야겠지요. 하지만 지금 현재를 살아가는 우리에게 '여성 고객을 가장 확실하게 칭찬하는 방법'은 '외모(인상) 칭찬하기'입니다.

50점짜리 칭찬 예시 단순한 칭찬

▶ 정말 아름다우세요.

▶ 참 예쁘세요.

▶ 세련된 이미지세요.

▶ 눈매가 참 고우세요.

▶ 미소가 참 밝고 선하세요.

단순한 칭찬 역시 훌륭한 설득이자 소통수단입니다. 그러니 다양한 표현 방식을 알고 행한다면 그야말로 금상첨화겠지요.

그러므로 칭찬은 구체적으로 해야 합니다. 외모와 인상에 대한 두루뭉술한 평가가 아니라 그 외모와 인상을 만들기 위해 고객이 했을 노력까지 헤아려 칭찬합니다. 그러면 더할 나위 없는 '최상의 소통'이자 '최고의 설득'이 됩니다.

100점짜리 칭찬 예시 구체적으로, 외모를 통해 외모 이상을 칭찬하기

▶ 헤어스타일이 눈에 확 띄네요. 고객님은 정말 센스가 좋으신데요! 요즘 바람이 심하게 불어서 이렇게 머리를 고정하기 힘든데, 솜씨가 좋으세요.

▶ 피부가 참 밝으세요. 타고나신 건가요? 피부는 속이 다스려지지 않으면 안정이 안 된다던대. 마음도 참 밝은 분이시겠네요.

실제 그렇든 그렇지 않든 이런 칭찬을 받으면 여성 고객은 자신이 외

     감성설득 고객의 마음을 사로잡는 감성칭찬 화법

모를 가꾼 것에 보람을 느끼게 됩니다. 그리고 이 호감이 판매자에 대한 평가에도 막대한 영향을 미치게 될 것입니다.

상품의 만족도에 따라서 구매 여부를 결정하는 것은 '판매 가능성이 매우 낮은' 방법입니다. 반면에 당신에 대한 호감도에 따라서 상품의 신뢰성이 결정되는 방법이야말로 '판매 가능성이 가장 높은' 방법입니다. 그렇기 때문에 '감성칭찬'이 너무나도 중요한 요인이 되는 것입니다.

 여섯 번째 강의 감성 여성 공략법 – 여자도 모르는 여자의 마음! 감성적으로 칭찬하라

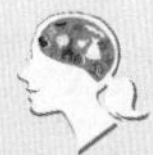

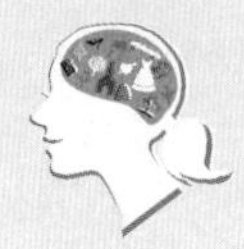

감성 여성 고객 공략법 2
장점은 부각하고 단점은 가려주어라

칭찬하고 싶다는 열정이 지나쳐 터무니없는 과장이나 거짓말을 하는 것도 삼가야 합니다. 때로는 과장이나 허구가 칭찬에 도움이 되지만 여성들의 '외모'를 칭찬할 때에는 독이 되기도 해요.

50점짜리 칭찬 예시 심한 과장과 거짓말

▶ 눈이 작은 고객에게: 고객님은 한가인처럼 눈이 크고 맑으시네요.

▶ 피부 트러블이 심한 고객에게: 피부가 매끈하시네요.

앞서 말했듯 여성들은 대개 자신의 외모에 예민하기 때문에 이러한 칭찬은 오히려 여성의 콤플렉스를 자극할 수 있습니다. 이런 칭찬은 안 하느니만 못하다는 거죠. 칭찬할 때는 먼저 장점을 찾아야 합니다. 장

점이 빨리 보이지 않는 고객이 있다면, 그때는 단점을 덮어주는 칭찬을
합니다.

100점 칭찬 예시 **거짓말을 하지 않으면서, 칭찬도 성공하라**

▶ 눈이 작은 고객에게: 고객님은 속눈썹이 참 가지런하시네요. 눈
매가 참 고우세요.

▶ 피부가 어두운 고객에게: 고객님은 이 립스틱 색깔이 참 잘 받는
피부를 가지셨네요. 아시다시피 이런 색깔을 잘 받기가 쉽지 않
거든요. 전 이런 색을 바르면 색에 눌리는데, 고객님에게는 매우
잘 어울려요.

이때 '살을 조금만 빼시면'이나 '피부만 좋아지신다면' 같은 추임새는
넣지 않는 게 좋습니다. 이렇게 되면 고객은 '뭐야. 그럼 그렇지 않은 지
금은 어떻다는 건데?' 라는 식으로 불만을 가지게 될 테니까요. 가망 고
객 확보 과정은 고객의 불만을 줄이는 과정이기도 합니다. 사서 불만을
늘릴 필요는 없겠지요?

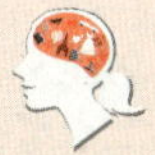

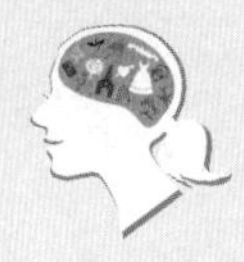

감성 여성 고객 공략법 3
한 가지 칭찬은 한 번만 사용하자!

50점짜리 칭찬 예시 무성의한 반복 칭찬_당신을 앵무새로 보이게 한다

▶ 고객님은 몸매가 좋으셔서, 이렇게 슬림하게 몸매를 강조해 주는 옷도 잘 어울리세요. 어휴……. 고객님은 그리고 이렇게 앙증맞은 투피스도 잘 어울리세요. 몸매가 좋으셔서요.

사람이라면 누구나 남에게 감탄 받고 싶어 하죠. 대단하다, 멋지다, 훌륭하다. 그리고 남들이 정말 감탄했는지 얼마나 감탄했는지 파악하기 위해 은연중 상대의 말투에 매우 신경을 쓰죠. 그런데 상대방이 밋밋하게, 별 감탄사 없이 심심한 칭찬을 한다면 어떨까요? 설령 그 말이 진심이라 해도 고객에게는 진심이 전달되지 않습니다. 누가 설명문 읽듯 칭찬을 한다면 듣고 싶어 할까요?

게다가 이미 했던 칭찬을 반복하는 것은 매우 무성의해 보이며, '이 사람은 아무 데나 듣기 좋은 말을 가져다 붙이는구나. 어떻게든 물건을 팔려는 생각뿐이군'이라는 식의 의심을 사게 합니다. 고객에게 칭찬할 때는 한 가지 칭찬 소재를 딱 한 번만 사용하도록 하세요! 대신 감탄사를 확실하게 넣어 임팩트 있게 전달합니다. 그렇게 하면 반복해서 말하지 않아도 고객이 내가 했던 칭찬을 여러 번 곱씹게 됩니다.

100점짜리 칭찬 예시 확실한 감탄사와 한 번의 칭찬으로 임팩트를 올려라

▶ 손님. 정말 몸매 비율이 좋으신데요. 보세요. 이 옷 한 번 대보시겠어요? 대보기만 해도 몸매가 확 사네요!

▶ 그럼 이 원피스는 어떠세요? 손님은 동안이어서 이런 귀여운 스타일도 잘 어울리시네요.

 여섯 번째 강의 감성 여성 공략법 – 여자도 모르는 여자의 마음! 감성적으로 칭찬하라

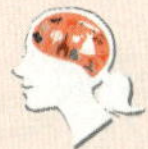

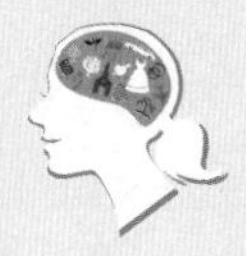

감성 여성 고객 공략법 4
옆 사람을 이용하여
칭찬 효과를 극대화하라

50점짜리 칭찬 예시

▶ 일행이 있는 여성 고객에게: 손님, 그 구두가 손님 스타일과 매우 잘 어울리세요. 훨씬 지적이고 시크한 느낌이 살아나요. (고객의 일행은 내버려둔 채 고객에게만 일방적으로 이야기함)

자랑하고 싶은 마음은 누구에게나 있는 사람의 기본 심리입니다. 특히 여성은 남성보다 언어에 대한 감각이 뛰어나며 커뮤니케이션에 상당한 영향을 받습니다. 그리고 바로 여기에 여성 고객에게 한 칭찬을 200%, 300% 효율적으로 만드는 비법이 있습니다. 그것은 주위 사람들을 이용해 간접적으로 칭찬하기입니다.

예식 업체는 대개 남녀 한 쌍 고객이 많이 찾으시지요. 하지만 그 외에도 여성들은 쇼핑할 때 일행을 동반하는 경우가 많습니다. 여행을 가거나 모르는 서비스를 새롭게 신청할 때에도 의견을 내주고 공감해 줄 보조자가 함께 있는 경우를 선호합니다. 이때 이 보조자에게 질문하듯 고객을 칭찬하는 것입니다. 아니면 칭찬에 대한 동의를 구하는 것도 좋아요.

보조자들은 대개 일행이 즐거운 마음으로 쇼핑하기를 바라므로 당신이 건네는 칭찬에 긍정적으로 답할 것입니다. 지인의 동의까지 얻으니 고객은 당신의 칭찬을 더욱 자연스럽게 신뢰하게 될 것입니다. 또한, 동시에 두 명 이상에게 인정을 받았다는 사실에 만족도 두 배, 세 배가 되겠지요.

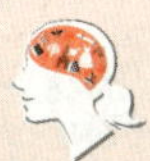

칭찬에는 어떤 정해진 규칙이 있는 것은 아닙니다. 오히려 규칙이 있다면 그것을 깨어야만 고객이 감동을 받을 수 있는 게 칭찬이죠. 하지만 '그 이상'을 하기 위해서는 나만의 체계와 스킬이 반드시 있어야 한다는 사실, 그리고 특히 여성 고객들을 칭찬할 때에는 섬세하게 접근해야 한다는 사실을 잊지 마세요.

 감성설득 고객의 마음을 사로잡는 감성칭찬 화법

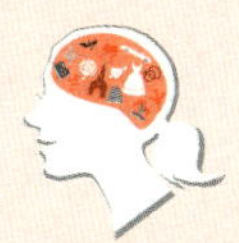

감성 여성 고객 공략법 5
여성 고객의 섬세한 니즈를 끌어내라

많이 알고 계시는 옛이야기 중에 나그네와 버드나무 잎 이야기를 들어 보셨을 거예요. 우물가를 지나던 목마른 나그네는 물을 긷던 아낙에게 물을 달라고 하죠. 아낙은 바가지에 버드나무 잎을 하나 띄워 나그네에게 건넵니다. 물을 마시려다 궁금했던 나그네는 아낙에게 물어봐요. 왜 버드나무 잎을 띄우셨죠? 설마, 더러워서 물어 본건 아니겠죠? 아낙은 대답합니다. 급하게 드시면 체할까 봐서요. 아낙은 나그네가 천천히 물을 마시게 하려는 배려로 버드나무 잎을 띄운 것입니다. 이 이야기는 여성의 섬세함을 보여주는 한 예라고 할 수 있죠.

고객을 설득해야 하는 여러분에게는 바로 '체계적인 칭찬'이 버드나무 잎과 마찬가지입니다. 아무리 갈증이 난다고 급하게 물을 들이켜지 마세요. 물을 마시고 체하면 약도 없다고 하죠? 그만큼 안전장치를 해 두

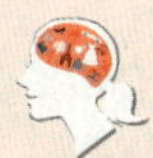

면, 갈증에 오래 허덕이다 마시는 물은 아무리 맹물일지라도 그야말로 꿀맛이 될 것입니다.

먼저 감성경청으로 상대방을 관찰할 시간을 벌고 나서 그 고객에게 맞는 감성칭찬을 설계하세요. 여러분은 설득의 프로이며, 설득의 프로는 곧 감성칭찬의 프로이어야 함을 의미합니다. 어떤 고객에게나 통용될 칭찬을 순서 없이 마구 던지는 건 가벼운 너스레로 끝날 위험이 있습니다. 다행히 고객과 기호가 맞는다면 상담이 기분 좋게 진행될 테지만, 그렇지 못하면 고객은 여러분의 칭찬을 '입에 발린 소리'로 치부해 버릴 것입니다.

이제 민 실장님이 실제 여성 고객을 상대할 때 어떻게 칭찬할 수 있는지 분석해서 보여드리겠습니다. ○○예식장의 예약 사무실에 찾아온 예비부부 한 쌍을 상대하는 상황을 가정해 보지요.

허 실장: 안녕하세요? ○○ 예식장 허락해 실장입니다.

예비신랑: 네, 예식장 가격 좀 알아보러 왔는데요.

허 실장: 네, 여기 앉으세요. 차 한 잔 드릴까요? 차 드시면서 천천히 살펴보세요.

  감성설득 고객의 마음을 사로잡는 감성칭찬 화법

예비신랑: 네, 커피로 부탁합니다.

예비신부: 저는 녹차 주세요. (신부가 신랑의 커피를 잘 저어준 후 따로 받침을 청해 자신의 찻잔의 티백을 갈무리한다.)

허 실장: 카탈로그를 보여드릴 건데요, 차 드시면서 자세히 설명해 드리겠습니다. 그런데 신부님 얼굴이 매우 맑고 깨끗하세요. 얼굴 못잖게 마음도 다정다감하시고요. 방금도 신랑님 커피를 먼저 저어 주셨잖아요. 다른 사람을 정말로 섬세하게 배려해줄 줄 아는 사람은 이렇게 행동도 다르더라고요. 신랑님, 좋은 분과 결혼 하시게 되셔서 행복하시겠어요?

예비신랑: 그럼 좋고말고요. 정말 행복하답니다.

예비신부: 과찬이세요.

허 실장: 과찬이라니요. 제가 직업상 수많은 신랑 신부님들을 만나거든요. 어떤 신랑 신부님은 너무나 잘 어울리셔서 제가 보람과 기쁨을 느낄 때가 있어요. 그런데 신부님을 뵈니까 같은 여자 입장에서 정말 결혼하실 준비가 된, 일등 신붓감이라는 느낌이 들어요. 이런 신부님을 얻으시다니 신랑님도 신부님 못지 않게 아주 멋진 분인 것 같습니다.

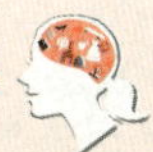

이상은 예식업체를 방문한 고객을 접대하는 흔한 대화입니다. 우리 민 실장님도 이렇게 고객을 대할 때가 많았을 것입니다. 먼저 자리를 권하고, 음료를 드린 후 상담을 진행하지요. 하지만 중요한 것은 이 모든 과정이 모두 연계되어 진행된다는 것입니다. 이 대화를 단계적으로 구분하면 이렇게 설명할 수 있습니다.

- 1단계: 고객 입장_고객 관찰 시작
- 2단계: 음료를 내옴으로써 '고객 관찰'과 '칭찬을 할 수 있는 시간' 확보
- 3단계: 칭찬할 부분 확보 후 기회를 놓치지 않고 칭찬
- 4단계: 칭찬 내용과 상품에 대한 이야기 연계_고객에게 이 상품을 사용하였을 때 얻게 될 이익을 기대하게 함

이 네 가지 과정을 연결하는 것은 결코 우연이 아닙니다. 고객이 들어선 직후 고객을 칭찬하기 위해 촉각을 곤두세운 결과물입니다.

항상 고객에게서 칭찬할 부분을 먼저 찾으십시오. 차를 내와야 하고, 카탈로그를 준비해야 하는 등 시간을 벌기가 어렵다고요? 그래도 고객이 여러분 앞에 자신을 노출하는 시간은 반드시 생깁니다. 언제냐구요? 바로 여성 고객이 상품을 살펴볼 때입니다.

고객이 상품을 살펴보고 있을 때 이 고객이 '어느 정도 비용을 지급할까? 얼마나 까다롭게 굴까? 어떤 서비스를 요구할까? 하는 생각에만 골몰하지 마세요. 혼자 생각만 하고 있다 보면 이미 고객을 보는 여러분의 시선에 편견이 생기게 됩니다. 이 편견대로 고객을 대하다가 쉽게 잡을 수 있었던 고객을 놓칠 때가 아주 많습니다.

또한, 칭찬을 단순히 여성 고객의 기분 띄우기에서 끝내서는 안 됩니다. 반드시 '내 상품'과 연결해야 합니다.

이렇게 함으로써 고객을 훨씬 긍정적, 적극적으로 상담에 끌어들일 수 있습니다.

그럼 다음으로는 이렇게 상담에 응하게 된 고객님에게 상담 중 칭찬하는 과정을 가정해 보겠습니다. 민 실장님은 고객이 너무 깐깐하게 따지고 다른 업체의 서비스와 상세히 비교해서 피곤하다고 하셨지요? 하지만 민 실장님이 종사하고 계시는 업종의 특성상 이런 고객들을 맞게 되는 건 불가피한 일일 것입니다. 너무 꼼꼼히 따질 때 그런 고객의 특성을 살펴 고객을 치켜세우는 것도 좋은 설득이 될 수 있습니다.

▶ 그런 부분까지 고려하고 계시다니 신부님이 아주 꼼꼼하고 세심하세요. 결혼에 대한 소중함과 기대감이 얼마나 크신지 알 수 있네요. 정말 훌륭한 신부이자 내조자세요. 신랑님! 앞으로 가정 경영은 신부님만 있으면 따로 조언자가 필요 없으실 것 같은데요. 신부님이 정말 현명하세요.

▶ 그런 신부님이시니까 제가 왜 이 서비스를 추천하는지도 단번에 이해하실 거예요. 신부님도 여러 번 강조하셨듯이 예식에서 가장 중요한 게 두 분의 아름다운 추억 아니겠어요. 그래서 저희가 이 사진작가와 드레스 업체를 추천해 드리는 거예요. 신부님도 여러 곳에서 정보를 접하셨기 때문에 잘 아실 테지만 사진 촬영 자체가 신혼의 소중한 추억이 될 수 있거든요. 이 서비스를 이용하시면 신부님의 청순하고 단아한 모습을 만족스럽게 담아내실 수 있을 거예요.

가격이나 서비스의 퀄리티에 대해 고객이 비교해보기 시작했을 때 고객의 말에 휩쓸려서는 안 됩니다. 고객은 투정을 부리는 게 아니라 '다른 업체에서 이러이러한 정보를 접하고 왔는데, 이 상품에서 차별화된 메리트가 뭔지 나를 설득해 달라'라는 입장이죠.

그러니 여성 고객이 불평한다고 해서 주눅이 들지 말고 적극적으로 나서서 고객이 이 상품을 선택했을 때 어떤 이익을 얻을 수 있는지 어필해야 합니다. 그리고 이때 가장 좋은 어필 방법은 두말할 것 없이 칭찬이

 감성설득 고객의 마음을 사로잡는 감성칭찬 화법

죠. '현명한 고객은 이미 이 상품의 장점을 알고 있다'라고 말하는 것만으로 고객은 상품에 대해 훨씬 친근하게 느낍니다. 어디까지나 고객을 중심으로 고객의 장점을 더 빛내기 위한 상품이라는 것을 어필하세요.

여성 고객이 제시한 다른 상품에 비해 단순하게 가격이 얼마이다, 품질이 어떻다 하는 식의 설명은 안 됩니다. 반드시 여성 고객의 장점과 상품을 연결해서 설명하세요. 고객의 공감 폭이 극대화될 수 있을 것입니다.

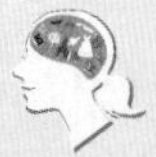

감성칭찬 화술 갈고 닦기

당신의 표정에 따라 칭찬의 분위기가 달라진다

단순히 긍정적인 표정을 짓는다고 해서 칭찬도 200%, 300% 효과를 발휘한다? No!

'쑥스러워하는 표정'의 효과

- '훌륭한 당신을 훌륭하다고 말로 내 본심을 드러내는 것이 쑥스럽다'라는 뉘앙스를 전달한다.
- 너무 강하지 않게 어필하여 부담스러운 느낌이 들지 않을 정도로 한다.
- 사려 깊게 생각하여 꼭 전달하고 싶은 칭찬이라는 점을 고객에게 어필한다.

머뭇거리는 태도가 진실성을 돋보이게 할 수 있다

쑥스러워하는 표정과 잠깐 머뭇거리는 태도를 함께하면 효과는 UP!

▶ 저……. 상담 중 갑자기 이런 말씀을 드려 죄송합니다만, 고객님. 정말 동안이시네요. 제가 이렇게 동안이신 분은 처음 뵙습니다.

▶ (고민 후에)제가 이러는 것이 참견일지도 모르지만, 고객님 정말 현명한 결정을 내리신 것입니다. 역시 고객님께서는 멀리 보는 통찰력이 남다르시다고 제가 저번에도 말씀드렸었지요?

- 당신을 칭찬하지 않고는 참을 수 없었다.
- 그만큼 당신의 장점은 훌륭하다.

인과관계가 드러나는 칭찬이 더 효과적이다

▶ 고객님을 만나면 항상 분위기가 반전된다고 고객님을 소개해주신 분마다 제게 꼭 말씀하셨습니다.

▶ 고객님이 계시기 때문에 저희의 상품 개발이 더욱 의미 있어지는 것 아니겠습니까. 공급은 수요가 없으면 아무 의미가 없는 것이니까요.

▶ 고객님의 취향이 이처럼 훌륭하시니까 저도 고객님께 상담해 드리는 보람을 느낍니다.

고객의 특별함을 부각하는 '인과 칭찬'의 효과

- '당신의 장점이 이렇게 다른 사람들에게 영향을 미친다. 당신은 중요한 사람이다'를 어필한다.
- 고객은 '이 담당자는 내 훌륭한 점, 내 업적을 이렇게 알아준다'고 생각한다.

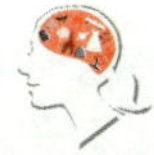

칭찬도 포장해야 한다

코가 넓고 콧방울이 큰 고객에게

- 잘못된 칭찬

▶ 코가 바비인형 코 같이 생기셨어요.

→ 이 칭찬은 거짓말, 과장이 심하다.

- 잘된 칭찬

▶ 코가 정말 잘 생기셨어요. 워렌 퍼빗의 코를 닮은 고객님의 코처럼 정면에서 콧구멍이 보이지 않으면 높은 지위에 오르고, 콧방울이 크고 콧등이 두툼하면 재물운이 좋은 관상이라고 합니다.

→ 잘 알려져 있고, 흥미를 느낄 수 있는 관상학을 이용해 고객에게 칭찬과 유머를 함께 전달한다.

잘 포장된 칭찬의 효과

- 아무리 과장을 해도 역효과가 발생할 가능성이 적다.
- 흔히 들어보지 못한 칭찬으로 고객에게 확실히 감동을 줄 수 있다.

비유를 통해 우아하게 칭찬하자

▶ 고객님의 눈은 맑고 깊은 것이 정말 호수네요. 눈은 마음을 보여주는 창문이라고도 하는데 고객님을 두고 나온 말 같아요.

▶ 고객님과 만날 때마다 전 마치 패션모델과 인터뷰를 하는 것 같아요. 어떻게 이렇게 옷을 잘 입으세요. 가끔 고객님이 디자이너

  감성설득 고객의 마음을 사로잡는 감성칭찬 화법

과정을 수료하셨나 하는 착각이 들곤 한답니다.

은유와 직유를 사용한 칭찬의 효과

- 밋밋한 한마디에 비해 훨씬 칭찬이 생생하게 살아난다.
- 고객이 그 칭찬을 좀 더 특별하게 생각한다.
- 그런 비유를 생각해 낸 당신에게도 좋은 이미지를 가지게 된다.

반어법으로 반전 칭찬을 해보자

▶ **을:** 아니요. 고객님. 제 생각에는 고객님의 그 선택은 현명하다고 할 수 없을 것 같습니다.

고객: 네? 정말이요?

을: 이건 단순히 현명하다는 말로 표현할 수 없습니다! 정말 현명함이 몸에 밴 분들이나 생각할 수 있는 새로운 아이디어십니다! 저희 영업하는 사람들조차도 이런 발상 전환이 쉽지 않은데요. 고객님은 어떻게 이런 생각을 해내신 건가요? 오늘 고객님 덕분에 중요한 것을 배웠습니다. 정말 감사하고 존경스럽습니다.

▶ 고객님은 정말 이기적이시네요. 이렇게 이기적인 몸매는 처음 봐요. 친구들이 함께 사진 찍기 싫어하지 않으세요? 고객님과 사진 찍으면 누구나 짧아 보일 거예요.

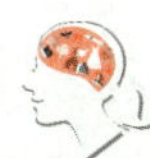

- 긴장감을 조성해 자연스럽게 고객과의 상담에 완급을 조절한다.
- '칭찬이 아닌 듯한 말'로 색다른 표현기법

'그리고'와 '게다가'로 칭찬 이어가기

▶ 고객님은 정말 피부가 좋으시네요. 여자들이라면 걱정이 많은 기미나 주근깨조차도 하나 없으세요. <u>게다가</u> 피부가 워낙 투명하고 뽀얗고요. 기초화장만 해도 피부가 생기 있고 깨끗하시네요.

▶ 고객님은 요즘 사람들은 갖추지 못한 경험을 많이 하셨지요. <u>거기에 더해</u> 끝없이 도전하는 도전정신까지! 요즘 고객님 같은 챌린저는 정말 보기 힘든 것 같습니다.

▶ 고객님. 이 기기 어떠세요? 얼리어답터인 고객님의 니즈를 모두 충족시킬 수 있는 상품인데요. <u>그리고</u> 고객님은 카메라도 잘 다루시잖아요. 이 기기가 가진 카메라 기능을 전부 다루어 주실 수 있는 분은 고객님 정도의 전문가이십니다.

접속사를 사용한 칭찬의 효과

- 중첩 효과가 일어나면서 고객의 기분을 한껏 끌어올릴 수 있다.
- 칭찬의 내용이 훨씬 상세하고 풍요로워진다.

말의 어순을 바꾸면 칭찬의 품격도 달라진다

- 변경 전: 고객님 정말 잘 어울리세요.

  → 무난하고 일반적인 칭찬

- 변경 후: 잘 어울리십니다. 고객님. 진심이에요.

  → 칭찬의 어순을 바꾸어 극적인 효과

말의 어순을 바꾼 칭찬 사례

▶ 변경 전: 고객님, 이렇게 빠르시다니 세상에. 다른 고객분들과는 차원이 다르십니다.

  변경 후: 세상에. 이렇게 빠르시다니! 고객님은 정말! 다른 고객분들과는 차원이 다르십니다.

▶ 변경 전: 머릿결에서 찰랑찰랑 빛이 나네요. 아, 역시 고객님께 저희 제품을 추천하길 정말 잘했습니다.

  변경 후: 찰랑찰랑, 빛이 나네요. 머릿결에서. 아, 역시 고객님께 저희 제품을 추천하길 정말 잘했습니다.

말의 어순을 바꾼 칭찬의 효과

- 임팩트 있는 칭찬으로 인상 깊게 기억한다.
- '자신에게 이 상품이 잘 어울린다'는 사실과 진심을 함께 강조해서 받아들인다.

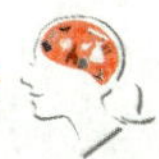

일곱 번째 강의

감성경청법 - 원하는 것을 얻으려면?

닥치고 들어라

일곱 번째 강의: 감성경청법
원하는 것을 얻으려면?
닥치고 들어라

강사 **송감찬**

수강생 **차 과장**

차범수(38세) 과장은 늦지도 빠르지도 않은 나이에 자동차 세일즈의 길로 뛰어들었다. 그는 어릴 때부터 차를 좋아했고 차에 대한 상식도 많았다. 자동차 판매 업계에서 실적왕이 되고자 의욕에 넘쳐 첫 출근을 한 지 반년이 지났지만 현실은 한 달이 넘도록 실적은 바닥수준. 아웃도어세일즈는 물론, 매장 방문 고객마저 번번이 놓치고 있다. 더 이상 떨어질 곳도 없는 그의 실적을 어떻게 구제할 수 있을까?

아는 것 많은 차 과장의 의문:

왜 방문 고객마저 나를 외면하지?

송감찬: 차범수 과장님! 처음 하는 개인영업이 부진하시다고요?

차 과장: 네, 이전 직장을 다닐 때 영업관리를 해 보긴 했어요. 원래 자동차를 참 좋아해서 동호회 활동도 했고요. 그래서 어느 정도는 할 것이라 생각했는데…….

송감찬: 상담은 많은데 계약이 성사되지 않는 편입니까? 아니면 상담 건수가 적기 때문에 판매실적도 적은 건가요?

차 과장: 상담 건수는 다른 사람들과 비슷합니다. 문제는 계약 성사율이죠. 제 성사율은 부끄럽지만 아주 바닥입니다. 바닥. 특히나 좌절스러운 건 일부러 매장을 방문한 고객조차도 잡지 못한다는 것입니다. 당직을 서는 날이면 하루에 평균 열 명 이상은 자동차 매장을 찾아와서 차를 살펴보고 갑니다. 견적을 뽑아 가는 분들도 계세요. 물론 차에 대한 상담도 나누고요. 그런데 다시 찾아 와서 저에게 계약하는 고객이 지금까지 단 한 명도 없었습니다.

송감찬: 매장을 찾아오는 사람들은 일단 차에 대한 관심이 있거나 구매 의사가 있는 사람들일 텐데도 말이지요.

차 과장: 제 말이 그 말입니다. 방문 고객은 잘만 상담하면 계약 성사까지가 훨씬 순탄하다는 게 이 업계 정석인데도 말입니다.

송감찬: 네. 분명 계약 성사에 훨씬 유리한 방문 고객까지 잡지 못하고

계시다는 말씀이지요. 스스로는 그 원인이 무엇이라 생각하십니까?

차 과장: 글쎄요. 저도 잘 모르겠습니다. 제가 고객들을 확 사로잡는 매력이 부족한 것 같아요. 인상은 나름 괜찮은 편인데 말이죠. 저는 여성고객은 잘 잡을 줄 알았습니다. 하하. 아무튼, 저는 항상 가장 좋은 상담을 위해 많은 준비를 하는 편입니다. 고객에게 가장 좋은 차를 추천해드릴 수 있도록 말이죠. 자회사의 상품 옵션에 대해서는 모르는 게 없습니다. 다른 판매원들도 저한테 물어올 정도거든요. 매장에 오는 고객들에게 제가 아는 건 하나도 빠뜨리지 않고 다 설명해 드리려고 노력하고 있습니다.

송감찬: 차 과장님의 설명을 들은 고객의 반응은 어떤가요?

차 과장: 고객의 반응이요?

송감찬: 네. 고객의 반응이 제일 중요하지 않겠습니까?

차 과장: 흐음. 글쎄요. 제가 느끼기에는 딱히 나쁘지는 않았는데요. 대개 잘 들어 주십니다. 고개도 *끄덕끄덕* 해주시기도 하고…….

송감찬: 그것뿐인가요?

차 과장: 지금은 특별히 기억나는 반응이 없는데요.

송감찬: 차 과장님. 그러면 이 자리에서 평소 상담하시는 것을 재연해 보시겠습니까?

차 과장: 이 자리에서요?

송감찬: 네. 제가 차를 보러 매장으로 찾아온 손님이라 생각하고 재연 해 보세요.

차 과장: 간단하게 시범만 보이면 되는 겁니까? 그건 뭐 어렵지 않지요. 그럼 시작하겠습니다. 어서 오세요, 고객님. 어쩐 일로 오셨습니까?

송감찬: 예. 저 밖에서 차를 보고…….

차 과장: 새 차를 구매하실 생각이시로군요. 좋습니다. 제가 고객님이 원하시는 차를 원하시는 가격에 장만하시도록 도와드리겠습니다. 혹시 관심 있는 모델이 있으신지요? 여기 저희 카탈로그가 있습니다. 최신형 모델들만 모아 놓은 카탈로그입니다.

송감찬: 저는 아주 신형은 또…….

차 과장: 아. 최신형은 원하지 않으신다고요, 고객님. 잔고장 없는 긴 수명 하면 또 저희 회사입니다. 연비 역시 국내 최고고요. 여기 고객님

이 찾으시는 차종이 있을 것입니다. 국내에서 이렇게 튼튼하고도 가격이 알맞은 차는 찾기 어려우실 것입니다.

송감찬: 이 차는…….

차 과장: 아, 이 모델에 관심이 있으십니까? 이 모델은 특히 저희가 자신 있게 추천해 드리는 명품입니다. 이번 안전성 테스트에서 에어쿠션 반응 속도가 가장 빨랐던 차종입니다. 디자인도 아주 중후하면서도 감각적이고요. 금액 할부 역시 고객님 의향에 맞추어 다양한 형태로 진행하고 있으니 그중 하나를 고르시면 됩니다.

송감찬: 잠깐만요. 저는 아직…….

차 과장: 일반적인 할부와 만기 할부, 리스 또는 고객님이 원하시는 기간에 전액을 한 번에 지급하시는 것도 가능합니다. 이 카탈로그에 있는 차종은 모두 같은 가격대입니다. 하지만 저라면 방금 보신 그 상품을 꼭 추천 드립니다. 저도 이 차를 타고 있는데 승차감이 아주 뛰어납니다.

송감찬: 잘 들었습니다. 재연은 여기까지로 하겠습니다.

차 과장: 예? 아무리 간략히 맛보기만 하는 것이라지만 제 설명은 아직 시작도 안 했는데요.

송감찬: 물론 저도 잘 알고 있습니다. 하지만 이만큼만 해도 차 과장님의 상담 스타일의 문제가 무엇인지 충분히 알겠네요.

차 과장: 그렇습니까? 대체 뭐가 문제죠?

송감찬: 차 과장님. 지금 상담을 하시는 동안 제 말을 몇 번이나 끊으셨는지 기억하십니까?

차 과장: 네? 하지만 그건 강사님의 의견을 빨리 반영하기 위해서…….

송감찬: 아니죠. 아직 제 의사가 어떤지 다 말씀드리기도 전에 설명부터 시작하셨습니다.

차 과장: 그랬습니까? 잘 해보겠다는 열의가 너무 지나쳤던 모양입니다.

송감찬: 고객의 편의를 하나라도 놓치지 않도록 자세히 설명해 주는 정성은 높이 살 만합니다. 하지만 차 과장님께서는 자신의 정성을 보여주는 데에만 너무 집중하고 계신 것 같습니다. 설득은 대화의 하나입니다. 대화는 상호 간의 의견을 주고받는 과정에서 일어나는 거지요? 고객은 의문점과 자기 의견을 표현하려 하는데, 그를 다 듣지도 않고 상담을 진행한다면 어떻게 고객이 필요한 걸 알 수 있을까요?

송감찬의 클리어 진단. 감성경청의 가치를 바로 알라

송감찬: 을은 자신이 직접 겪은 경험이 곧 보편타당한 판매 법칙이라는 착각을 하기 쉽습니다. 내가 물건을 팔지 못했으니 이런 환경에서는 물건이 팔리지 않는 것이 당연한 걸 거라고요. 그러나 그 자체가 절대 빠져서는 안 될 당연함의 함정입니다. 차 과장님. 지금 차 과장님께서도 자신이 만든 함정에 빠져 계십니다.

차 과장: 네? 제가요? 함정에 빠지다니요?

송감찬: 과장님은 혹시 이렇게 생각하고 계시지 않나요?
'나는 상담을 위해 이렇게 열심히 준비했다. 나는 우리 매장의 그 누구보다 상품에 대한 지식이 많은 준비된 직원이다. 내가 하는 상담은 어느 고객에게나 도움이 될 것이다.'
'만약 내 상담을 듣고도 우리 매장에서 상품을 사지 않는 고객은 애초에 다른 매장에 마음이 있던 사람일 것이다.'

차 과장: 그야 당연하지요. 제가 얼마나 열심히 상담 준비를 하는지 보시면 다들 동의할 것입니다.

송감찬: 하지만 이런 생각에 빠져 있기 때문에 문제 파악을 제대로 하지 못하는 것인지도 모릅니다. 누구나 자신이 왜 설득을 못하는지에 대

해 장황한 근거를 대지요. 하지만 근거를 댄다고 해서 곧 부실한 설득능력이 해결되는 것은 아닙니다. 결국은 '그런 열악한 영업환경에서도 판매실적이 좋은 사람들도 있지만, 불행히도 나는 그런 부류에 못 끼어서 속상하다'라는 한탄스러운 마음을 나타낸 것이 아닐까요?

차 과장: 하지만 많은 정보를 전달하는 것이 상담에 도움이 되지 않나요?

송감찬: 진짜 문제의 실마리를 찾고자 한다면 '내가 보는 사실'보다는 '고객 입장에서의 진실' 쪽에 관심과 노력을 집중하셔야 발전을 도모할 수 있습니다. 물론 차 과장님의 입장에서는 상담을 열심히 준비했다는 것도 누구보다 지식이 많다는 것도 사실일 것입니다. 하지만 고객의 입장에서 느낄 때도 그럴까요? 고객에게 차 과장님이 '누구보다도' 지식이 많다는 것이 중요할까요?

차 과장: 글쎄요. 기왕이면 하나라도 더 아는 상담사한테 상담받는 걸 고객도 원하지 않을까요?

송감찬: 고객의 입장에서 가장 중요한 것은 '내게 유용한, 내가 원하는 상품'을 구매하는 것입니다. 그러려면, '내 요구'가 무엇인지 잘 들어주는 세일즈맨이 좋겠죠?

　　일곱 번째 강의 감성경청법 – 원하는 것을 얻으려면? 닥치고 들어라 

차 과장: 아…….

송감찬: 그 세일즈맨이 아무리 유능하고 아는 것이 많다고 해도, 내 요구를 파악하지 못한다면 계속 설명을 듣는다고 도움이 될까요? 오히려, '이렇게 속사포처럼 설명을 쏟아내는 사람이라면, 분명 자신에게 유리하게 계약을 진행하려고 하는 것일 수도 있다', '이렇게 내게 많이 이야기해 주는 것을 보면 진짜 중요한 문제는 숨기려는 게 아닐까?'라고 의심하는 경우는 없을까요?

차 과장: 그런 의심이 정말이라면 전 너무 억울합니다.

송감찬: 하지만 고객 입장에서는 자연스럽게 그렇게 생각할 수도 있습니다. 그래서 고객을 상대할 때에는 잘 설명하는 것 이상으로 '잘 듣기'가 중요한 것입니다. 즉, 경청이지요. 여기에서 경청의 가치는 분명해집니다.

첫째, 고객의 니즈를 파악하게 한다.
둘째, 고객이 나를 신뢰하게 하는 첫 번째 발판이 된다.
셋째, 고객에게 '대우받고 있다'는 만족감을 준다.

차 과장님, 경청에 대해 이렇게 생각해 보신 적 있으신가요?

 감성설득 고객의 마음을 사로잡는 감성칭찬 화법

차 과장: 아니요. 솔직히 말해서 듣는 것에 대해서는 잘 생각해 보지 않았습니다. 말하기 바빠서…….

송감찬: 잘하겠다는 의욕이 너무 앞선 나머지 설득의 본질에 대해 잊으신 것입니다. 그러면 세일즈맨과 고객, 어느 쪽이 요구하는 쪽이고 어느 쪽이 요구를 들어주는 쪽일까요?

차 과장: 그야 고객이 요구하는 쪽이지요.

송감찬: 그렇습니다. 요구하기는 고객의 몫이며, 그 요구를 듣고 상품 추천하기는 세일즈맨의 몫입니다. 즉, 세일즈맨에게 있어 가장 중요한 것은 고객의 니즈를 확실히 파악하는 것입니다. 그러려면 '고객의 말'을 잘 들어야 그 요구도 잘 파악할 수 있겠지요? 차 과장님. 평소의 상담에서 고객이 과장님을 얼마나 신뢰한다고 느끼셨는지요? 과장님에게 계약하지 않고 떠난 고객 중 정말 과장님을 '신뢰'한다고 여겼던 사람은 몇이나 됩니까?

차 과장: 고객이 얼마나 구매에 관심이 있는지는 항상 살펴봅니다. 하지만 고객이 나를 신뢰하느냐 안 하느냐 하는 문제는 생각도 안 해 본 것 같습니다. 솔직히 거래만 끝나면 이후 남남이 되는데, 신뢰까지 신경 쓰기는 아무래도 무리가 있다고 생각했어요.

송감찬: 세일즈맨 입장에서는 아닐지 몰라도 고객 입장에서는 앞으로 계속 사용할 상품, 서비스를 구매하는 일입니다. 고객 입장에서는 그만큼 이 제품과 세일즈맨에 대한 신뢰가 있어야 구매한다는 뜻입니다.

차 과장: 흐음, 말씀을 들어보니 제 세일즈 감각을 좀 바꿔볼 필요가 있을 것 같네요.

송감찬: 실적이 오르지 않을수록 고객들의 만족도는 어떠했는지에 대한 냉정한 평가가 필요합니다. 인정받아야 하는 것은 '세일즈맨의 유식함'이 아니라 '고객의 니즈를 파악하는 감각'이라는 것을 명심하십시오.

감성경청 실천법 1
끄덕임 감성경청법

고객의 의사를 침착하게 들어주고 알아주기. 이것이야말로 모든 설득의 시작입니다. 일반적인 사람이라면 상대에게 '강한 인상'을 남기기 위해 어떻게 자신을 잘 표현할 수 있을까 많이 고민하시지요?

반대로 세일즈맨은 '잘 들어주는 사람'이어야 고객에게 강렬한 인상을 남길 수 있습니다. 그렇다면 어떻게 해야 고객의 말을 잘 들을 수 있을까요? 청력이 좋다고 해서 다른 사람의 말을 잘 듣는 것은 아니지요. '잘 듣기'에도 훈련이 필요합니다. 그럼 여기에서 '감성경청 실천법'을 소개해 드리겠습니다.

첫 번째, 경청의 비법은 '고개 끄덕이기'입니다.

먼저, 끄덕임은 거의 모든 국가에서나 '경청하고 있다'라는 가장 기본

적인 신호입니다.

　　끄덕임은 긍정이자 호응의 제스처입니다.

　　끄덕임은 집중의 표시이자 관심의 제스처입니다.

　　끄덕임은 갑의 말을 예우해가면서 들어 주는 가장 예의 바른 자세입니다.

　　끄덕임은 고객이 긍정의 말을 하도록 유도하는 등대입니다.

　　끄덕임은 생각을 정리할 수 있는 여유를 을에게 제공해 줍니다.

　　설득은 순발력이 대단히 필요한 분야입니다. 내가 지금 이 순간 무슨 말을 하는 것이 가장 좋을까? 이 얘기 다음에는 어떤 얘기를 꺼내는 것이 상담을 원활하게 만들어 줄까? 내가 이런 얘기를 하면 갑은 과연 어떻게 생각할까? 등 상담 과정에서 을은 순간적인 판단을 시시때때로 내려야 합니다. 그러나 생각이 많아 보이는 을에게 구매하려는 갑은 별로 없습니다. 왜냐하면, 생각하는 을의 모습은 갑으로 하여금 '저 세일즈맨이 지금 머리를 굴리고 있구나'라는 생각을 하게 하기 때문입니다.

　　따라서 을이 생각하는 모습을 갑에게 보이는 것은 상담을 불리하게 만드는 안 좋은 요인 중 하나입니다. 그러나 성공적인 상담을 진행하기 위해서 을은 순간적으로 많은 생각과 판단 그리고 결정을 해야만 하는 것이 설득의 현실입니다. 갑에게 잔머리 쓰고 있다거나 계산을 하고 있다거나 하는 부정적인 이미지를 주고 싶지 않다면 여러분이 생각하고 고민하고 있다는 사실을 갑이 눈치를 채지 못하도록 해야 합니다. 그래서 끄덕임은 훌륭한 위장크림이 되어 줍니다.

　　감성설득　고객의 마음을 사로잡는 감성칭찬 화법

여러분이 고개를 끄덕이면서 하는 생각들은 갑이 절대로 눈치를 챌 수 없습니다. 어차피 원활한 상담의 진행은 을이 이끌어내는 것이지 갑이 책임지는 것이 아닙니다. 그렇기 때문에 갑으로 하여금 불필요한 오해 또는 듣는 자세가 불량하다는 생각을 하게 해서는 절대 안 됩니다. 그래서 갑에게 티끌만큼이라도 책잡히지 않고, '이 친구 상담하는 자세가 상당히 성의가 있는데'라는 호의적인 생각을 하도록 만드는 감성자세가 바로 끄덕임입니다.

차 과장님은 이제껏 본인의 지식을 고객에게 최선을 다해 설명해 왔습니다. 하지만 그건 어느 매장의 직원이나 다 하는 행위입니다.

고객을 설득시키려면 고객이 나를 기억할 만한 임팩트 있는 말이나 행위가 필요합니다. 그리고 그 행위는 가장 간단한 것, 고개를 끄덕이는 행위에서부터 시작되는 것입니다. 단순하게 카탈로그에 없는 정보, 다른 매장에는 없는 서비스를 제시한다고 되는 게 아닙니다. 고객이 어느 매장이든 들르면 듣는 상투적인 말이 '우리 매장은 다른 매장과 다르다'라는 말일 테니까요.

설명하는 도중 고객이 질문할 때, 조금이라도 의견을 피력할 때, 그 순간을 놓치지 마십시오. 작은 제스처로 고객은 '자신이 이 상품에 관심이 있었다. 흥미가 끌렸다'는 사실을 기억해 낼 것입니다. 그리고 그에 따라 들었던 설명도 훨씬 또렷하게 기억하게 될 것입니다.

 일곱 번째 강의 감성경청법 – 원하는 것을 얻으려면? 닥치고 들어라

- 감성칭찬으로 이끌어내는 변화는 끄덕임이 기회를 만든다.
- 말하기 이전에 듣는다.
- '끄덕임'으로 경청하고 있음을 상대에게 알려준다.

여기에서부터 감성칭찬이 시작됩니다. 처음에는 분명히 익숙하지 않을 테니 대체 언제 얼마만큼 해야 적당하다는 건지 감이 안 오실 것입니다.

경청 초보자에게 권해드리는 첫 번째 경청 타이밍은 고객이 첫마디를 뗄 때입니다. 그것이 여러분의 설명에 대한 긍정이 아니더라도 일단 끄덕여서 이제 내가 고객의 얘기를 성의 있게 듣겠다는 신호를 보내주는 것입니다.

고객은 판매자가 듣고 있다는 것을 자각한 순간, 자신이 인정받았다고 느끼고 더욱 열심히 자신의 니즈에 대해 설명할 것입니다. 이를 통해 여러분은 더욱 고객에게서 칭찬할 만한 부분, 고객이 칭찬 받고 싶어 하는 부분이 무엇인지 선명하게 알 수 있게 될 겁니다. 그런데 더욱더 신기한 점은 여러분이 갑의 말을 끄덕이면서 듣는 과정을 자꾸 반복하다 보면 자신도 모르는 사이에 진짜로 갑의 얘기를 성의 있게 듣게 된다는 점입니다.

사실 갑의 보편적인 특성은 비즈니스로 만난 을과는 자신의 개인적인 얘기까지 나누려 하질 않는다는 것입니다. 그러나 판매자의 기쁜 얼굴, 경청, 호응에 익숙해질수록 갑은 자신의 개인적인 얘기까지 털어놓는 경우가 많습니다. 이것이야말로 감성 언어가 가져다줄 수 있는 소통 이상의 결실입니다.

  이것은 고객이 여러분을 신뢰하기 시작했다는 신호임과 동시에 설득 성공 가능성이 커져가는 징후이기도 합니다. 정리해서 다시 말씀 드리자면, 끄덕임은 여러분이 행하는 수고에 비해서 얻는 결실이 매우 큰 행운을 가져다주는 설득감성자세이므로 반드시, 무조건, 꼭 행하시기 바랍니다. 행한 후 이해하셔도 되니 현장에서 직접 확인해 보시기 바랍니다.

　　일곱 번째 강의 감성경청법 – 원하는 것을 얻으려면? 닥치고 들어라 

감성경청 실천법 2
시선은 언제나 상대방을 향할 것

대화를 할 때 상대에게 시선을 향하는 것은 예의 중에서도 기본 예의지요. 하지만 상담 중에 뜻밖에 이 기본을 지키지 않는 분이 많습니다. 여러 상품을 소개하고, 고객의 문의에 응답하고, 또 다른 방문 고객을 신경 쓰다 보면 시선은 어느새 흐트러지게 마련입니다.

하지만 '기본'이 '기본'인 데에는 다 이유가 있지요. 짧은 순간이라도 고객은 판매자의 시선이 자신에게 향하지 않았다는 것을 빠르게 눈치 챕니다. 판매자가 의도했든 의도하지 않았든 어떤 이유로 시선을 돌리고 있든 고객들은 십중팔구 이렇게 생각합니다.

- 이 을은 나 같은 고객을 중요하게 생각하지 않는다.
- 이 사람은 지금 다른 데에 관심이 쏠려 있다.

• 내 시선을 맞추지 못하는 것을 보니 자신이 없는 게 틀림없다.

　그러니 상담 중에는 되도록 고객을 바라보며 대화하도록 합시다. 상품이나 카탈로그를 보여줄 때에도 손은 상품을 향하더라도 눈은 고객을 살펴야 합니다. 고객이 다른 데로 시선을 돌리고 있으면 모를 거로 생각하는 사람이 많습니다.

　하지만 사람이 '시선'을 느끼는 감각과 시각은 별개입니다. 고객이 설령 다른 데에 한눈을 팔고 있다 해도 여러분의 시선을 분명히 느끼고 있습니다. 만약 고객이 이를 알아채지 않고 있다면 그건 그 고객이 정말 이 거래에 관심이 없다는 뜻입니다. 여러분이 절대로 놓쳐서는 안 되는 중대한 경고인 셈이지요. 이때 반드시 고객의 관심을 이쪽으로 돌려야 합니다.

　그렇다면 어떻게 고객에게 시선을 떼지 않을 수 있을까요? 먼저 고객에게 주의를 계속 기울여야 하겠지요. 시선은 곧 관심의 정도를 반영하는 것이니까요.

　상담을 시작할 때 고객 얼굴의 한 부위 그러니까 미간이나 코 등을 포인트로 정하세요. 그리고 되도록 처음 정한 그 높이에서 눈을 돌리지 않기로 하는 것입니다. 고객과 '눈을 마주친다는 것'에 부담이 있는 을들은 일단 이렇게 눈을 고정해두는 것을 익히는 것이 좋습니다.

 　일곱 번째 강의 감성경청법 – 원하는 것을 얻으려면? 닥치고 들어라

감성경청 실천법 3
고객의 입장에서 생각하라

원활한 대화를 위해서는 상대방의 입장에서 생각하는 것 또한 기본입니다. 을도 사람이기 때문에 자기 자신을 위주로 생각하는 것이 당연합니다. 그리고 상담 역시 자신의 편의를 반영하게 되지요. 하지만 여러분도 을로서 일하다가 퇴근 후 다른 가게의 고객이 되면, 소비자와 판매자의 입장이 얼마나 다른지 깨달을 것입니다.

특히 을은 자신이 이 상품에 대해 전문가이기 때문에 고객도 당연히 이 상품에 대해 그만큼 이해할 수 있다고 착각하기 쉽습니다.

- 이렇게 쉽게 찾을 수 있는 위치에 버튼이 있으니 당연히 누르겠지.
- 이런 건 어느 회사에나 있는 계약 조건이니 구태여 말할 필요가 없을 거야.

하지만 이는 어디까지나 '이미 알고 있는 사람' 입장에서의 생각일 뿐입니다. 여러분과 상담하는 고객 중에는 이미 상품에 대한 이해도가 높은 사람도 있을 수 있습니다. 하지만 정말 초보, 이 상품에서 가장 중요한 게 무엇인지조차 모르는 고객이 더 많습니다. 예를 한 번 들어볼까요?

가전매장에 팔순의 할머니가 세탁기를 보러 찾아오셨네요. 점원은 세탁기에 '세탁' 버튼이 있으니 당연히 사용법을 알 거라고 생각하고 세탁기의 특별한 점만 열심히 설명합니다. 그런데 할머니 표정이 굳어지네요. 알고 보니 그 할머니는 청소기도 세탁기도 사용해 본 적이 한 번도 없으시답니다. 그래서 쉽게 사용 가능한 세탁기를 원하셨죠. 하지만 고객의 그런 특징도 모르고 은나노 성분이 들어 있고, 탈수와 건조가 잘된다는 점만 강조하면? 소용이 없겠죠?

점원은 상품을 보러 온 손님의 상품 친숙도를 파악하고 나서 고객에게 필요한 것을 제공해야 합니다. 아무리 성능이 좋아도 할머니에게 작동법이 어려우면 사지 않을 것이 분명하죠. 그렇다고 팔순 할머니 고객을 포기할 건가요? 일단 고객의 이야기를 듣고 나서 고객이 궁금해하는 점, 이해하지 못하는 부분이 어디인지 파악하고 다시 자세히 설명하면 그 어떤 판매 설득도 성공할 수 있습니다.

  일곱 번째 강의 감성경청법 – 원하는 것을 얻으려면? 닥치고 들어라

감성경청 실천법 4
고객의 질문을 허락하라

'말하지 않고도 안다, 마음이 통한다' 라고들 하지요. 하지만 처음 만나거나 거래가 있을 때에만 만나는 을과 고객이 마음이 잘 통할 확률은 무척 낮은 편입니다.

을이 아무리 열심히 최선을 다해 설명해도 고객에게 전부 전달되지 않아요. 고객은 자신의 니즈가 있고 그를 중심으로 을이 주는 정보를 받아들입니다. 더군다나 생전 처음 듣는 정보를 다량으로 입수하면 당연히 헷갈리는 부분도 생기지요. 이때 고객은 을에게 질문하게 됩니다.

판매하는 데 마음이 급하거나 대답에 자신이 없는 을은 고객의 질문을 가로막는 경우가 종종 있어요. 빨리 계약을 성사시키고 싶거나 고객이 다른 클레임을 걸거나 복잡한 질문을 해올까 겁나기 때문입니다.

    감성설득 고객의 마음을 사로잡는 감성칭찬 화법

그러나 이미 '질문거리'가 생긴 고객은 자신의 의문을 해결하지 않고는 을의 설명이 귀에 들어오지 않습니다. 제때 질문하지 못하는 것 자체도 고객의 불만이 되죠. 고객이 설령 어떤 사항에 불만이 있다고 해도 이를 무시하고 넘어가는 것은 또 다른 불만을 키울 뿐이에요. 그러므로 을은 고객을 주시하고 있다가 고객이 '질문이 있다'는 신호를 보내면 재빨리 알아채야 합니다.

- '저기요', '그런데요' 라고 을의 설명을 자르고 말을 늘이는 경우
- 시선을 다른 상품 쪽으로 자꾸 돌리는 경우
- 입을 꾹 다물고 다른 생각에 잠기는 모습을 보이는 경우

고객이 직접 질문해 오지 않더라도 이렇게 '어떤 말을 하고 싶다'는 신호를 보낼 때에는 즉시 고객이 말을 할 수 있도록 대화 순서를 넘겨주어야 합니다.

▶ 궁금하신 점이 있으십니까?
▶ 제 설명에서 부족한 부분은 없었나요?

이렇게 묻고 고객의 반응을 기다려야 합니다. 그리고 고객이 어떤 질문을 하든 일단 고객이 말을 끝맺을 때까지 기다립시다. 설령 고객이 엉뚱한 질문을 하거나 답하기 어려운 질문을 하더라도 이렇게 하는 편이 고객의 질문을 자르는 것보다 훨씬 유익합니다.

감성경청 실천법 5
고객의 질문에 대한 대답은 간결하게 하라

고객이 자신의 니즈에 대해 설명하거나 질문을 할 때, 중간에 대답해야 할 때가 있어요. 바로 고객이 을의 동의를 구하거나 자신의 질문 사항을 을이 제대로 듣고 있는지 확인하려 할 때입니다. 이런 때에는 아직 고객의 할 말이 남아 있는 상태죠. 그러므로 을이 응답할 때에는 되도록 칭찬을 곁들여 대답하는 편이 좋습니다.

▶ 그럼요, 잘 알고 계시네요.

▶ 지금 고객님이 말씀하시는 제품은 더 똑똑한 모델입니다. 보통 직접 작동해 보시기 전까지는 잘 모르시던데. 눈썰미가 좋으세요.

▶ 이 제품 말씀이세요? 고객님처럼 감각이 좋으신 분들이 많이 고르시던데요.

상세한 설명은 고객의 마음을 연 다음 그 니즈에 맞춘 제품을 소개할 때 하면 돼요. 간단한 칭찬, 간접 칭찬, 살짝 건드려주는 칭찬을 통해 고객은 서서히 스스로 '칭찬 내용과 같은 인물'이 되어 갈 것입니다. 여러분이 그토록 바라는 '고객과의 소통'은 이렇게 한 뼘 한 뼘씩 가까워져 가는 것입니다.

 일곱 번째 강의 감성경청법 – 원하는 것을 얻으려면? 닥치고 들어라

감성경청 실천법 6
한 번 더 고객의 의사를 확인하라

이 시기는 고객이 자신의 질문이나 입장 설명을 다 끝낸 직후예요. 이때 한 번 더 고객에게 의사를 확인하세요. '되묻기'는 을이 고객의 말을 경청하고 있었다는 증거가 됩니다. 또한, 이후 거래 진행을 더욱 원활하게 해주지요.

> ▶ 그렇다면 고객님께서는 한 달에 30만원 이상의 보험금 지급은 원치 않으시는 것이지요?
> ▶ 이 상품은 무슨 일이 있어도 다음 주 수요일 10시 이전에 배송지에 도착해 있어야 한다는 말씀이시지요?

고객이 자신의 니즈를 말하던 중 가장 중점적으로 설명했던 것을 한 번 더 확인하는 것은 설득의 기본이지요. 거기에 더해 고객의 관심에 대해서까지 한 번 더 짚어준다면 고객은 당신이 자신의 말을 제대로 듣고 있었다고 안심할 수 있어요.

> ▶ 고객님께서는 역시 우아하십니다. 좀 전에 식기류는 백자를 선호한다고 하셨지요?
>
> ▶ 고객님같이 젊은 분이 벌써 노후 준비를 하신다니 대단하세요. 고객님께서 치매와 노인성 질환 보장에 대해 궁금해하셨지요? 여기 제가 관련 상품 목록을 뽑아 왔습니다.

간단한 칭찬과 더불어 '한 번 더 질문하기'는 세일즈맨이 얼마나 고객의 말을 잘 들었는지 평가지표가 됩니다. 그래서 여기에서 실수를 한다면 오히려 고객의 불신을 사게 되겠지요. 그럼 '되묻기'를 잘할 수 있는 팁 몇 가지를 소개하겠습니다.

- 고객의 요구사항은 번호를 매겨 메모해두도록 한다. 특히 고객의 언급 중 실제로 관계가 잘못된 부분은 반드시 기억해 두었다가 한 번 더 확인한다.
- 되물을 때는 칭찬을 한마디씩 곁들이는 것이 좋다.
- 되묻기를 너무 길게 하지 않는다. 고객에게 잘 들었다는 것을 알리기 위해 너무 길게 물었다가는 고객이 지루해 할 수 있다.

  일곱 번째 강의 감성경청법 – 원하는 것을 얻으려면? 닥치고 들어라

앞에서도 경청은 내가 상대를 인정한다는 증거이자 칭찬의 시작이라고 말씀드렸습니다. 되묻기를 잘 활용하여 '경청'을 한 단계 업그레이드하면 아주 효과가 좋을 것입니다.

     감성설득 고객의 마음을 사로잡는 감성칭찬 화법

감성경청 실천법 7
고객이 사용한 단어를 사용하라

'경청'이 끝난 후에는 당연히 경청하면서 얻은 것을 이용해야 합니다. 고객에 대한 정보와 니즈를 파악하는 것도 중요하지만 그것으로 끝난다면 1% 부족한 경청이 되어 버리지요. 겨우 1%지만 99%와 100%의 차이가 분명하다는 걸 잘 알고 계실 것입니다.

경청을 완성하는 1%는 바로 고객이 사용한 표현을 을이 사용하는 것입니다. 고객이 질문과 요구사항 전달을 끝낸 후에는 나의 답변에 고객이 썼던 표현을 그대로 쓰는 것입니다. 복잡하고 어려운 전문 용어 사이에 고객이 쓴 단어를 한두 개 정도 섞는 것입니다.

> ▶ 그럼 고객님께서는 PC의 외관보다는 그 게임이 잘 **돌아가는 최고사양의 모델**을 원하시는 것이지요?

자신이 썼던 단어를 반복해서 듣게 되면 고객은 복잡한 상담을 훨씬 열린 마음으로 대하게 됩니다. 또한, 이 상품에 대해 자신감이 생기고 거래 자체도 긍정적으로 바라보게 되지요.

같은 언어, 같은 표현을 쓰는 사람에게는 더욱 친근감을 느끼게 되어 유대감도 생깁니다. 처음 만난 사람이 기꺼이 자신이 했던 표현을 반복한다면 상대방의 신뢰감도 상승하게 되는 것이지요. 고작 단어 하나를 쓰느냐 마느냐이지만 그 결과는 다르다는 것을 체감하실 수 있을 것입니다.

이제 100% 감성경청 화법이 완성되었습니다. '설득의 중심에는 언제나 고객이 있다. 나는 고객이 패스하는 요구사항을 토스해 주는 상대다.' 이 사실을 잊지 마시기 바랍니다.

고객의 의심을 풀어주는 '기대심리 자극하기'

세일즈를 하다 보면 간혹 을의 이익까지 걱정해 주는 고객을 만나게 됩니다. 하지만 실은 '세일즈맨이 혹시 나를 속이고 있는 것은 아닌가'라고 의심하고 있는 것이죠.

이런 질문을 받았을 때에는 아래 항목을 체크해 보세요.

1. 고객에게 감성칭찬하는 것을 잊고 내 얘기만 하지 않았는가?
2. 내 제안이 고객에게 너무 성급하게 여겨졌는가?
3. 상담 중 고객에게 뭔가를 숨기거나 거짓말을 한다는 인상을 주지는 않았는가?
4. 내가 너무 낮은 자세를 보이진 않았는가?
5. 내가 건방지게 보이진 않았는가?

그럼 어떤 선택을 할지 알아볼까요?

BAD CHOICE

이 상품이 다른 상품에 비해 얼마나 가격경쟁력이 우수한지 설명하여 '금전적 이익'을 어필!

대개의 세일즈맨이 고르는 나쁜 선택지

제품을 판매할 때 자신이 고객에게 줄 수 있는 서비스가 있어야 한다.

GOOD CHOICE

이 제품이 고객에게 얼마나 잘 어울리는지, 이 제품을 고객이 얼마나 잘 쓸 수 있는지 칭찬하여 '기대심리'를 자극!

고객이 신경 쓰는 것은? 이 제품을 썼을 때 얻을 수 있는 '감성이익'!

고객의 니즈 속 니즈, 핵심적인 구매욕을 자극하고 북돋아 주는 것이 프로 설득맨!

50대 주부 K 씨가 청소기를 새로 장만하기 위해 동네 가전제품 매장에 방문한다. 매장 매니저 L 씨는 고객에게 성심성의껏 제품 성능과 가격, 할부 납부 방법을 설명한다. 그런데 마지막 순간 카드 결제를 하려던 K 씨, 머뭇거리며 묻는다.

K: 이 청소기가 정말 가볍고 좋긴 한데요. 저한테 이렇게 서비스를 많이 해주시는데, 이러시면 다른 매장에 비해 너무 이익이 안 나는 것 아닌가요?

K씨의 속마음: 이 사람은 왜 이렇게 나한테 급히 청소기를 팔려 하는 걸까. 사실 청소기에 하자가 있나? 집에서 쓰는 청소기가 너무 무거워서 바꿔야 하긴 하는데……. 망설여지네.

평범한 세일즈맨의 BAD CHOICE	모범 세일즈맨의 GOOD CHOICE
이 청소기는 지금이 프로모션기간이기 때문에 그런 혜택을 드리는 것입니다. 이 청소기는 다른 것에 비해 10만원이나 더 저렴합니다. A/S 기간도 3개월 더 길고요. 게다가 저희 청소기는 전력도 다른 청소기보다 훨씬 덜 잡아먹습니다.	손님, 타사 청소기는 너무 무거워서 손목에 부담된다고 하셨지요? 이 제품을 쓰시면 훨씬 편안히, 즐겁게 청소하실 수 있을 것입니다. 손님처럼 깔끔하고 청결하신 분께서는 당연히 좋은 청소기를 쓰셔야지요. 다행히 행사기간이라 가격도 매우 저렴하기까지 합니다.

금전적 이익만이 다가 아니라는 것, 이제 아시겠지요?

냉혹한 비즈니스 세계의 구명보트,
감성칭찬

자, 여러분! 이제 끝마쳐야 할 시간이 왔습니다. 오늘 밤이 지나면 내일 또 여느 때와 같이 아침이 올 것이고 여러분은 각자의 일자리에서 각자의 업무를 해나가시겠죠. 어제와 오늘이 그런 것처럼, 오늘과 내일을 겪어 보시면 아시겠지만 변한 것은 아무것도 없을 것입니다. 저에게 배우신 내용이 여러분에게 신선한 충격을 주었다 하더라도 변함없는 일상에서 변화를 가져오게 하는 것이 얼마나 힘든 것인가 겪게 되실 것입니다. 그러다가 불행히도 변화와 개선, 발전을 포기하는 분도 계시겠지요.

때로는 각오나 의지만으로는 변화가 쉽게 이루어지지 못함을 통렬하게 느끼실 겁니다. 그러나 여러분이 고대하는 변화는 반드시 여러분의 의지가 깃든 행동이 뒷받침되어야 그 결실에 대한 기대를 할 수 있습니다. 결과는 의지와 행동을 통해 서서히 나타나며, 그러다 가끔 발목을 잡는 실수와 실패가 나타나 여러분으로 하여금 '관둬 버려'라고 포기를 종용하는 유혹도 할 것입니다.

여러분이 제 상담을 맛보시기 이전의 심정을 영어로 표현한다면, NO WHERE! 였습니다. 길이 안 보였습니다. 그래도 포기하고 싶지 않아서 그래서 지푸라기라도 잡아 볼 심정으로 여기에 오셨습니다. 그 정도의 의지라면 저는 변화에 대한 각오는 충분하다고 봅니다. 그러나 각오만 으로는 될 수 없음을 여러 차례 말씀드렸습니다.

여러분이 익히셔야 하는 비즈니스기술은 이해가 아니라 체득이기 때 문입니다. 행동입니다. 이해가 조금 덜 되어 있다고 해도 행동이 뒷받침 된다면 체득의 크기와 질은 어마어마하게 커지게 될 것입니다. 앞으로 의지가 수반된 행동을 통해 영어 표현을 바꾸시기 바랍니다. 스펠링 하 나만 옆으로 옮겨 보세요. 그렇게 하고 나면 여러분은 스스로 성공의 불 을 지피게 될 것입니다. NOW HERE!

중요한 것은 '바로 여기에 있는 기회'입니다.

여기란 어디일까요? 바로 여러분의 머리가 아닌 가슴 속입니다. 가슴 한가운데에는 성공이라는 불씨가 아직 꺼지지 않은 채 남아 있습니다. 그 성공의 불씨를 여러분의 감성칭찬으로 타오르게 하세요. 감성칭찬으 로 타오른 불씨는 여러분에게 새로운 세계로 안내 해 드릴 것입니다.

 감성설득 고객의 마음을 사로잡는 감성칭찬 화법

누구나 한 번만 살다 가는 것이 인생입니다. 다른 모든 것은 되돌릴 수 있지만, 시간이란 놈은 실이 끊어진 연처럼 되돌릴 수 없는 것입니다. 자기가 하는 일에 전문가가 되는 것 또한 멋지게 살았다고 자평할 만한 가치가 충분하다고 생각합니다. 감성칭찬이라는 열정으로 자신을 활활 태워서 멋진 인생이 여러분 앞에 펼쳐지기를 진심으로 간절히 기원하면서 강의를 마칩니다.

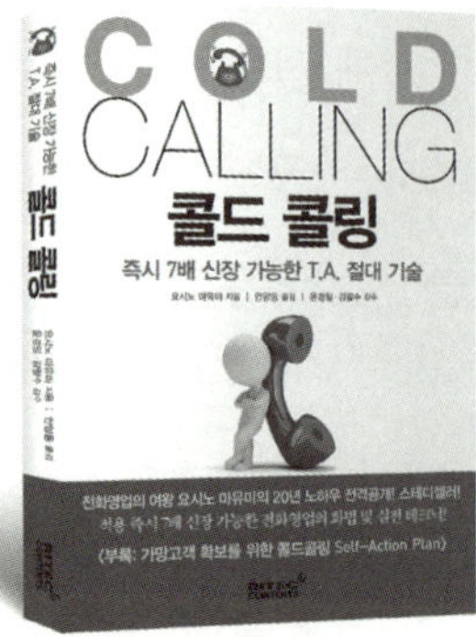

콜드콜링

요시노 마유미 지음 | 안양동 옮김 | 리텍콘텐츠 펴냄 | 16,000원

전화를 거는 것이 두렵지 않게 되는 유일한 방법은?
고객에게 NO라는 말을 듣지 않는 전화 토크의 요령!
성공하는 약속 잡기의 9가지 단계!
잡을 수 있는 약속도 잡을 수 없다 – 7가지 금지표현

머니위닝게임
부자 되는 돈 관리

임준범 지음 | 김창수 감수 | 리텍콘텐츠 펴냄 | 14,800원

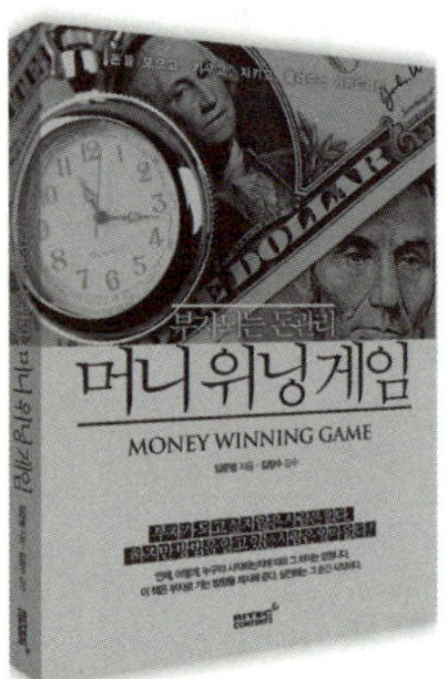

장기투자 · 비과세 · 연금준비 · 종신보험
준비 등을 재테크로 스토리텔링한
고객 니즈 환기 자료집이자 화법집입니다.

실패율 0%
Sales 인간관계 Lesson 50

홀 베커 지음 | 안양동 역 | 리텍콘텐츠 | 15,000원

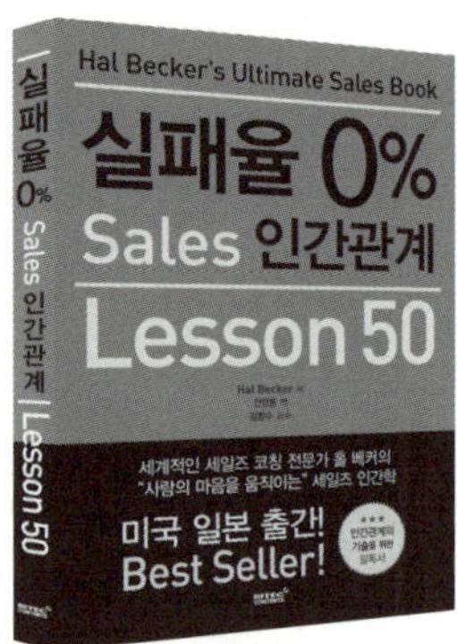

LESSON 17   속마음을 알아낼 수 있는 '마법의 질문'
LESSON 22   개척방문영업의 '제 1관문'을 돌파하는 방법
LESSON 28   가망고객에게 답신 연락을 받기 위한 요령
LESSON 38   거절의 7가지 형태

모임의 기술

엔도 아키라 지음 | 안양동 옮김 | 리텍콘텐츠 펴냄 | 16,000원

고객획득형 모임과 세미나 성공법
비즈니스 모임과 세미나를 통한
기적의 고객획득 3단계

VIP 금융영업 개척으로 승부하라

김창수 지음 | 리텍콘텐츠 | 13,000원

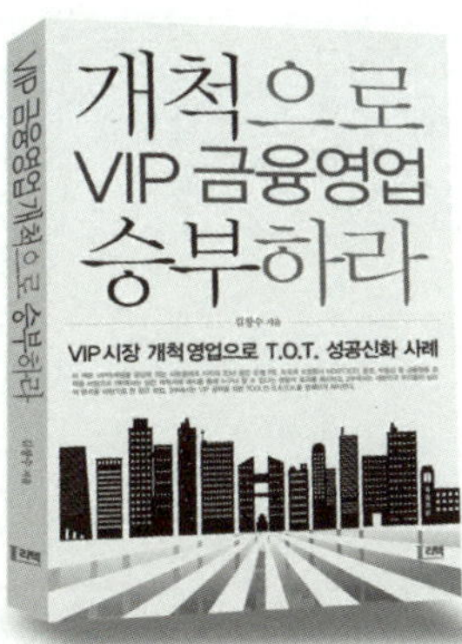

**YES24·교보문고의
마케팅·세일즈 분야 베스트셀러!!
시장개척방법과 VIP 시장 공략법**

내 인생을 바꾸는 60가지 시크릿

존 디마티니 지음 | 안양동 역 | 리텍콘텐츠 | 14,000원

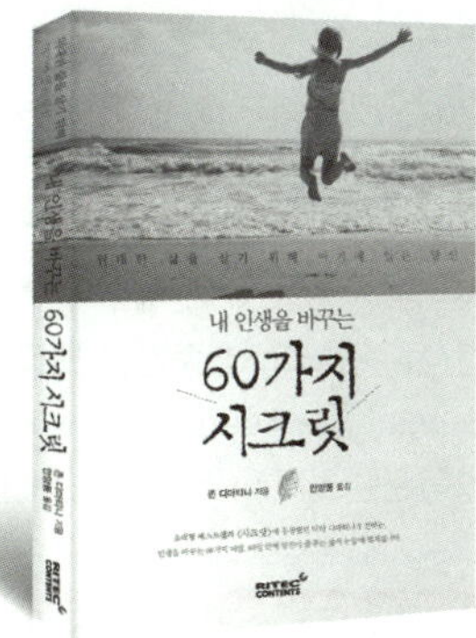

**〈Secret〉의 대가로 등장했던 저자와
60일 간의 여정을 함께 하며,
자녀와 가족 등 소중한 사람의 인생이 바뀌는
경이로운 순간을 체험하세요.**

감성설득 강의 안내

	대 상	교육 주목적
1	각종 영업 조직	영업 활성화, 영업 역량 강화
2	회사 임직원	경쟁력 강화, 매출 향상
3	지자체, 기관	대민 친화력, 설득력 강화
4	최고 경영자	감성칭찬과 리더십
5	자영업자	손님 확보 및 단골 만들기
6	대학생	면접 능력 강화, 성공적인 사회생활
7	일반 남녀	인기, 매력 있는 남녀가 되는 비결
8	기 타	설득 능력을 제대로 키우고 싶은 조직과 개인

감성설득 교육은
교육 대상과 목적에 따라서 맞춤형으로 진행됩니다.
감성설득 강의는
재미있는 강의, 쉽게 이해되는 강의, 큰 도움이 되는 강의입니다.

강의 문의 및 신청 방법

- 감성설득 클리닉 송감찬 원장
- E-mail: kamsung7@naver.com
- 리텍콘텐츠 Tel: 02-2051-0311